明代登科錄彙編六

山東鄉試錄序

正德己卯秋八月天下當鄉
試取士監察御史熊相巡按
山東始至戒衆僚曰掄才圖
治胥務相承
命馳驅涖茲土亦惟斯舉爲急凡
百執事慎且厲之哉時南方

有警羽檄北馳或曰武事不可緩也而山東又南北要害顧以文為御史曰有文事者必有武備孔子誅少正卯卻萊兵武孰尚焉而卒以文稱蓋德尤以是為盛也今天下莫不誦法孔子而況其父母

之邦流風餘韻猶有存而未泯者然則取士以文而武可得矣孔子之文經緯乎天地貫穿乎古今蘊之爲德行措之爲事業者也孔子不得見矣得見孔子之徒焉如唐之裴李宋之韓范或出於科目

之中出其緒餘猶足以平蔡潞而威西夏矧茲區區焉者何足盡平邪但恐世之所謂文者非孔子之所謂文也文非孔子則所賦者不可退虜之詩所畫者不可餉軍之餅而何怪乎不武何益乎緩急

武乃以質之鎮守太監黎鑑
都御史總理河道龔弘巡撫
王珝御史清戎劉翀鹽法陳
克宅馬政虞守隨有事地方
給事中傅良弼郎中畢濟時
主事黃待顯林春澤周汝勤
于沂蕭廷傑高尚賢葉珩劉

布行人劉祺皆曰古人不以
軍旅忘教化鄉試大典也況
前巡按趙御史春思之周戒
之夙而予輩亦嘗贊之矣如
之何其慢之於時乃屬右布
政使陳奎左參政俞泰王玹
右參政徐蕃右參議陳黃按

察司副使儀李師儒舒晟
查約蔡芝呂盛蔡需僉事魏
彥昭錢宏楊輔黃昭道林典
王億防範于外自率提調官
左布政使姚鏌左參議蔡天
祐監試官按察使林琦僉事
王汝舟考試官學正胡翰銓

梁榦賈策教諭袁達曹英王士和官懋陳讚訓導謝恕入院矢心竭力合巡按遼東御史高鉞山東提學副使江潮所簡之士三試之如故事中式者七十五人遵

定制不敢過也事竣當刻其氏

名與文之優者爲錄以
獻于
上且傳示後来命希銓序其首希
銓不佞姑述所司取士之意
使諸士子知文武之道不可
偏廢既以此進益以此自勉
焉使他日佐

國家興太平定禍亂用之而左
右皆效垂之而竹帛無窮亦
足以徵吾儒有用之學不墮
於隨陸絳灌之一節云
河南汝州儒學學正胡希銓
謹序

正德十四年山東鄉試

監臨官

巡按山東監察御史熊相 尚卿江西高安縣人 戊辰進士

提調官

山東等處承宣布政使司左布政使姚鏌 英之浙江慈谿縣人 癸丑進士

山東等處承宣布政使司左參議蔡天祐 成之河南睢州人 乙丑進士

監試官

山東等處提刑按察司按察使林琦 廷珍順天府大興縣匠籍 福建懷安縣人己未進士

山東等處提刑按察司僉事王汝舟 濟川四川華陽縣人 戊辰進士

考試官

河南汝州儒學學正胡希銓 克修江西弋陽縣人 庚午貢士

浙江處州府青田縣儒學教諭袁達 德修福建閩縣人 癸酉貢士

同考試官

湖廣沔陽州儒學學正梁榦 本之直隸武進縣人 丁卯貢士

陝西鞏昌府階州儒學學正賈策 廷獻羽林前衛人 甲子貢士

江西臨江府新喻縣儒學教諭曹英 邦彥直隸無錫縣人 戊午貢士

浙江杭州府錢塘縣儒學教諭王士和 希節福建侯官縣人 丁卯貢士

湖廣襄陽府棗陽縣儒學教諭官懋 臣節雲南蒙化衛人 庚午貢士

直隸蘇州府嘉定縣儒學教諭陳讃 允揚福建長樂縣人 癸酉貢士

江西廣信府儒學訓導謝恕 行之浙江會稽縣人 甲子貢士

印卷官

山東等處承宣布政使司經歷司經歷趙祥 廷瑞直隸隆慶州人 吏員

山東等處提刑按察司經歷司知事許鎧 重器山西石樓縣人 監生

收掌試卷官

山東都轉運鹽使司運使黃俊 汝賢直隸武進縣人 己未進士

濟南府知府高嶼 子洲錦衣衛人 壬戌進士

萊州府知府常道 文載直隸來安縣人 乙丑進士

受卷官

登州府同知王崇慶 德徵直隸開州人 戊辰進士

兗州府通判成周 汝從直隸無錫縣人 戊辰進士

青州府推官藍瑞 伯麟河南鄧州所人 甲戌進士

登州府黃縣知縣蕭鳳 鳴陽江西泰和縣人 丁卯貢士

彌封官

登州府蓬萊縣知縣鄭倫 宗性直隸晉州人 丁卯貢士

濟南府禹城縣知縣張珌 君佩河南羅山縣人 戊午貢士

青州府臨淄縣知縣馬冕 文中直隸[illegible]寧縣人 丁丑進士

萊州府膠州高密縣知縣高軒 文載直隸遷安縣人 丁丑進士
兗州府東平州東阿縣知縣王倫賢 紹先河南中牟縣人 丁丑進士
謄錄官
青州府通判宋𤩽 希德山西蔚州人 戊午貢士
兗州府濟寧州知州康旹 良佐直隸薊州衛人 辛未進士
萊州府平度州知州劉景寅 仲賓浙江臨安縣人 丁丑進士
兗州府寧陽縣知縣白麒 子仁直隸永平衛人 丁丑進士
對讀官
濟南府泰安州知州薛潮 宗信貴州普定衛人 壬子貢士

濟南府歷城縣知縣吳琦 汝器山西潞州人丁丑進士
登州府招遠縣知縣于溱 本清直隸任丘縣人戊辰進士
兗州府東平州陽穀縣知縣宋沂 希曾直隸靜海縣人丁丑進士

巡綽官
登州衛指揮僉事戚景通 世顯直隸定遠縣人
萊州衛指揮僉事馮祿 天爵山後雲州人
寧海衛指揮僉事何鉞 廷威直隸舒城縣人
濟南衛指揮僉事費經 宗理直隸沛縣人

搜檢官

濟南衛指揮使李紹 繼宗直隸盱眙縣人

臨清衛中所正千戶周善 性之河南固始縣人

濮州備禦千戶所副千戶朱鉉 時舉直隸六安州人

肥城守禦千戶所署副千戶張應文 宗周直隸休寧縣人 丁丑武舉

供給官

山東都指揮使司經歷司經歷李珊 良貴江西臨川縣人 辛酉貢士

山東等處承宣布政使司經歷司都事雷春 以時陝西同官縣人 監生

濟南府武定州知州張僑 德高陝西岐山縣人 壬子貢士

東昌府濮州觀城縣知縣李復性 秉中陝西鄠縣人 丁卯貢士

濟南府武定州樂陵縣知縣李果　宗乾山西澤州人　辛酉貢士

濟南府長山縣知縣徐憲　監之直隸歸德衛人　戊午貢士

東昌府濮州范縣知縣楊文進　德升順天府寶坻縣人　辛酉貢士

登州府寧海州文登縣縣丞邢達　克明直隸長洲縣人　吏員

濟南府鄒平縣縣丞高道　一之陝西邠州人　監生

濟南府德州平原縣主簿劉餘澤　繼德直隸鳳陽縣人　知印

濟南府禹城縣劉普馬驛驛丞陸林　時茂浙江慈谿縣人　承差

濟南府譚城馬驛驛丞陳瀚　敦本山西絳州人　承差

濟南府歷城縣龍山鎮馬驛驛丞史孝彬　彥文直隸江都縣人　承差

濟南府鄒平縣青陽店馬驛驛丞李廷蘭　時秀陝西華州人　承差

濟南府德州平原縣桃園馬驛驛丞吳汝翼　廣佐直隸高陽縣人　承差

濟南府織染局大使王壽　崇仁浙江黄巖縣人　吏員

第壹場

四書

君子義以爲上

故爲政在人取人以身脩身以道脩道以

仁

宰我曰以予觀於夫子賢於堯舜遠矣子

貢曰見其禮而知其政聞其樂而知

其德由百世之後等百世之王莫之

能違也自生民以來未有夫子也有

若曰豈惟民哉麒麟之於走獸鳳凰
之於飛鳥泰山之於丘垤河海之於
行潦類也聖人之於民亦類也出於
其類拔乎其萃自生民以來未有盛
於孔子也

易

初九拔茅茹以其彙征吉

利見大人亨利貞

德言盛禮言恭謙也者致恭以存其位者

也

古者包犧氏之王天下也仰則觀象於天

俯則觀法於地觀鳥獸之文與地之

宜近取諸身遠取諸物於是始作八

卦以通神明之德以類萬物之情

書

荆岐既旅終南惇物至于鳥鼠

學于古訓乃有獲

乃汝盡遜曰時敘惟曰未有遜事

墨罰之屬千劓罰之屬千剕罰之屬五百
宮罰之屬三百大辟之罰其屬二百
五刑之屬三千

詩

蠶月條桑取彼斧斨以伐遠揚猗彼女桑
百禮既至有壬有林
仲山甫出祖四牡業業征夫捷捷每懷靡
及四牡彭彭八鸞鏘鏘王命仲山甫
城彼東方四牡騤騤八鸞喈喈仲山

甫祖齊式遄其歸吉甫作誦穆如清

風仲山甫永懷以慰其心

於乎皇考永世克孝

春秋

公會衛侯于桃丘弗遇（桓公十年）齊侯衛侯

鄭伯來戰于郎（桓公十年）齊人衛人鄭

人盟于惡曹（桓公十一年）

盟于召陵（僖公四年）會于蕭魚（襄公十一年）

宋公陳侯衛侯曹伯會晉師于棐林伐鄭

宣公元年

楚入及吳戰于長岸 昭公十七年 吳敗頓胡沈蔡陳許之師于雞父 昭公二十三年 蔡侯以吳子及楚入戰于柏舉楚師敗績楚囊瓦出奔鄭庚辰吳入郢 定公四年

禮記

将為善思貽父母令名必果

天則不言而信神則不怒而威

顯揚先祖所以崇孝也

溫潤而澤仁也縝密以栗知也廉而不劌
義也垂之如隊禮也叩之其聲清越
以長其終詘然樂也瑕不揜瑜瑜不
揜瑕忠也孚尹旁達信也氣如白虹
天也精神見于山川地也圭璋特達
德也天下莫不貴者道也

第貳場

論

大臣身任天下之重

詔誥表 内科一道

擬漢以黄霸爲廷尉正詔 本始元年

擬唐以魏謩同平章事誥 大中五年

擬宋罷諸營建群臣謝表 大中祥符九年

判語 五條

信牌

失儀

私茶

越城

誣告

第叁場

策五道

問大學衍義一書誠帝王爲治之蓍龜故

我

聖祖揭諸廡下以朝夕省覽今觀之

聖政記所錄言行政事莫非斯義所寓此所以

能成無疆之治也不知所謂四要者抑

有今日之所當急務者歟請詳陳之敬

當聞之于
上以為率由舊章之一助云
問文章關時運故有治世衰世亂世之論
唐宋之文其變其壞皆有所自今之文
體壞亦極矣茲欲變以復古其道何由
問國務莫重於兵糧我
朝養兵不為不多其取於民也亦不復可加
矣然行伍往往乏人度支亦常告匱者
何歟或謂寓兵於農藏民以富猶有可

行者此外或又有見請盡言之
問山東齊魯之地也齊擅魚鹽魯崇信義
素號富强守禮之國何民之凋瘵盜之
縱横今乃異於古耶安之弭之必有其
道悉心以對
問山東之患莫大於河溢水荒而今年爲
尤甚治河救荒漢宋諸臣陳說不一諸
士子觸目激中固嘗考古而知宜於今
者矣明舉以告我當

請而行之

中式舉人七十五名

第一名李仁　東阿縣學生　詩
第二名黃禎　安丘縣學生　春秋
第三名周祖堯　東平州學生　書
第四名丁汝夔　霑化縣學生　易
第五名張世臣　曹縣學生　禮記
第六名劉汝松　濟南府學生　詩
第七名須瀾　德州學增廣生　易

第八名袁士偉　肥城縣學生　書
第九名任岳　樂安縣學生　易
第十名閻輔　曹州學生　詩
第十一名王瑤　高唐州學生　禮記
第十二名趙應奎　登州府學生　詩
第十三名黃國光　臨清州學生　書
第十四名高凌漢　東平州學生　詩
第十五名石存仁　德州學生　春秋
第十六名劉宗仁　歷城縣學生　書

第十七名江濬　歷城縣學生　詩
第十八名王淮　昌樂縣學生　書
第十九名君尚賢　萊州府學生　詩
第二十名紀繡　利津縣學生　易
第二十一名王懋元　遼東義州衛學生　詩
第二十二名孫禹　臨清州學生　書
第二十三名錢世資　濟南府學生　詩
第二十四名田玉　利津縣學生　禮記
第二十五名楊廷相　青城縣學生　書

第二十六名張錦　蒙陰縣學生　詩
第二十七名楊迥　曹縣學生　易
第二十八名許縉　東昌府學生　詩
第二十九名張鉞　登州府學生　書
第三十名王勣　東阿縣學生　詩
第三十一名馬儒　堂邑縣學生　易
第三十二名趙炫　濟寧州學生　春秋
第三十三名孫隆　范縣學生　詩
第三十四名宋士奇　肥城縣學生　書

第三十五名姚湛　遼東瀋陽中衛學生　詩

第三十六名喬遷　定陶縣學生　易

第三十七名張世祿　遼東都司學生　書

第三十八名鮮情　東平州學生　詩

第三十九名杜應禎　高唐州學生　禮記

第四十名劉煥　濟南府學生　易

第四十一名高寅　淄川縣學生　詩

第四十二名王汝揖　德州學生　書

第四十三名于調元　商河縣學生　詩

第四十四名王進賢　德州學生　易

第四十五名白采　東昌府學生　春秋

第四十六名馬騎華　陽信縣學增廣生　詩

第四十七名江南　濟陽縣學生　書

第四十八名邊瑀　霑化縣學生　易

第四十九名張汝翼　膠州學生　詩

第五十名武德智　館陶縣學生　書

第五十一名邵新　堂邑縣學生　詩

第五十二名田疇　青州府學生　易

第五十三名　董緒　濵州學生　書

第五十四名　張文祥　茌平縣學生　詩

第五十五名　陳鼐　登州府學生　禮記

第五十六名　蘇民慶　濟南府學生　易

第五十七名　張恂　陽穀縣學生　詩

第五十八名　孫璋　泰安州學生　書

第五十九名　尋志道　金鄉縣學生　詩

第六十名　郭滋　臨清州學生　易

第六十一名　林廷鸞　東昌府學生　詩

第六十二名 王邦寧 濱州學生 書

第六十三名 呂應期 章丘縣學生 春秋

第六十四名 吳希仁 掖縣學生 詩

第六十五名 劉世儒 陽信縣學生 易

第六十六名 張鯨 陽穀縣學生 詩

第六十七名 李舜臣 樂安縣學生 書

第六十八名 王彥 昌樂縣學生 詩

第六十九名 杜詔 濟陽縣學生 易

第七十名 霍麟趾 單縣學生 書

第七十一名李文芝　東平州學生　詩

第七十二名艾景賢　壽張縣學生　春秋

第七十三名吳卓　博平縣學生　易

第七十四名郭邦佐　濟陽縣學生　書

第七十五名王文林　掖縣學生　詩

第壹場

四書

君子義以爲上

李仁

同考試官　批　此題似易而難作者不審則泛惟此篇不失問答本意而又善發揮故錄之

同考試官　批　場中作者多於義字未明惟此篇深得孔子答子路意且詞語典則是用錄以爲式

考試官教諭袁　批　明暢

考試官學正胡　批　知旨

聖人論君子惟理之宜是尚焉蓋義者理之宜也君子以是為尚則其勇也大矣昔夫子因子路君子尚勇之問教之者如此意若曰汝由也固以勇為尚矣寧知天下之事固有不專於勇而後為善用其勇者乎故夫享有令德之名人慕之而不容已屹為有道之望人御之而不可及此世之所謂君子焉者是必有所尚也而豈

徒然哉蓋其趨向之正有以合人心之公智慮
之高有以通天下之變事之來也以義焉爲之
權衡必斟酌可否而錯綜之不爽其宜物之至
也以義焉爲之矩度必裁度是非而應酬之不
失其則毅然以必行者皆夫理之所安也畀敢
奮發之際而有精審區別之詳沛然以必爲者
皆其道之所歸也慷慨激烈之中而有從容順
適之美常變雖異也一惟奉吾義而周旋焉固
未嘗剛以自用以致決乎物理之防者矣而君

子之所貴寧有加於是哉順逆雖殊也一惟視吾義而推移焉亦未嘗倖以自好以自傷於物則之正者矣而君子之所重寧有過於此哉是則以勇爲尚則未必皆義以義爲尚則自無不勇勇與義之別如此爲子路者盍亦知所從事哉雖然勇固不可任也而亦不可少也子路之在聖門自負其勇而至以此爲問則於所謂義者庸有未知也故野哉之譏過我之訓與此章爲亂之戒夫子屢有以發之無非抑其血氣進

之以德義欲其爲大勇而不以是區區者自局
也迨夫晚年進德升堂之學漸於造聖治蒲之
政深入民心則亦有得於夫子之教者多矣其
安可以盡少哉

故爲政在人取人以身脩身以道脩道以

仁

袁士偉

同考試官　批　此題作者多瑣碎繁複讀之

殊可厭詞不費而意自明塲中似此絕少是必於

為政之道講之而有得者矣置之首列

同考試官　批　詞整而意至理學文字自別

考試官教諭袁　批　文有才氣而理亦精到可以爲式矣

考試官學正胡　批　善體貼

中庸論治道之有所待而必歷推治本之有所先也夫政必待人而後行也然推其本何嘗不自人君之仁身者以先之耶昔子思引孔子答哀公之問政以明費隱者至此此則承入道敏

政而言也謂夫天下之治統之者固在於君輔之者實賴於臣故夫為君人者欲舉夫文武之政丕顯者顯之丕承者承之是不必以他求也而惟在於得人焉盖股肱有託腹心有寄則賢能用而功業為之自弘惟吾之所施而無有不達者矣人非為政之要而何欲得夫文武之臣賢者建之官能者位之事亦不必以遠求也而惟在於吾身焉盖權衡既審藻鑑既精則邪正辨而取舍為之自明惟吾之所用而無有不當

者矣身非取人之則而何然身亦未易脩也脩之不以道乎必使倫理綱常之懿皆體於日用常行之間有恩以相親也有禮以相接也身非徒身秩秩乎皆道之所著焉則身以道而脩矣道亦未易脩也而脩之不以仁乎必使綱常倫理之際一出於惻怛慈愛之實私不能累也欲不能間也道非徒道肫肫乎皆仁之所貫焉則道以仁而脩矣是則人君能仁其身則君為聖君因之以得人焉則臣為賢臣有君有臣而

文武之政寧有不舉者哉抑論之聖人之論為
政多矣獨此章問政之答則顯而著詳而不遺
有志於天下者能舉而行焉則由文武以繼堯
舜可也而中和位育之功當亦不出是矣哀公
之知信不足以及此其藐藐也固宜噫哀公可
勿論也後世有彷彿一二者世之人輙以九經
之義許之其淺之乎知中庸者哉
宰我曰以予觀於夫子賢於堯舜遠矣子
貢曰見其禮而知其政聞其樂而知其德

由百世之後等百世之王莫之能違也自生民以來未有夫子也有若曰豈惟民哉麒麟之於走獸鳳凰之於飛鳥泰山之於丘垤河海之於行潦類也聖人之於民亦類也出於其類拔乎其萃自生民以來未有盛於孔子也

黃禎

同考試官 批 長題最難收拾獨此對仗脟明而意義自足秀才中之霹靂手也

考試官教諭表　批　此作不煩數語而夫子所以異於群聖之義發明殆盡其亦智足以知聖人者

考試官學正胡　批　摸寫孔子異於夷尹及孟子願學之意隱然溢於言表善為文者也

大賢歷舉羣賢之所推以見後聖之獨盛也蓋孔子之聖亘古今而獨盛也羣賢之相與推尊也固亦宜哉昔孟子答公孫丑之問至此意若曰欲觀孔子之異於夷尹蓋亦於其門弟子之言而徵之乎彼宰我有曰堯舜之與夫子固

有所謂事功也然大哉惟堯君哉惟舜由唐之時而求焉則堯舜治化斯亦可謂盛矣顧自吾夫子而觀之堯舜一世之事功也夫子推其道以垂教萬世則事功亦有及於萬世者矣其賢於堯舜豈不甚遠矣哉子貢則又曰百王之與夫子蓋皆有所謂禮樂也故見禮則知其政聞樂則知其德由百世之後而等焉則百王品第固皆莫之能遁矣然以吾夫子而較之百王一代之禮樂也吾夫子定禮樂以兼總百王則

其德政亦有冠乎百王者矣生民以來豈有盛於夫子者哉有若則又有曰豈惟民爲然哉麒麟至瑞也鳳凰至靈也而其於飛鳥走獸則惟一類焉泰山至高也河海至深也而其於丘垤行潦則亦一類焉聖人至神也而其於民也庸非亦一類者耶但聖人則踐形盡性故出類焉而卓然有以自立拔萃焉而超然有以自異蓋皆所謂人之至者非夫凡民之所能伍矣然道德高厚邈之前而莫之比推之後而莫之及

又所謂聖之至者自生民以來豈有如夫子
尤盛哉是則由三子之言觀之則堯舜也百王
也羣聖人也皆有不能如孔子者矣顧以夷尹
而可與之班乎雖然孟子此章前既極論知言
養氣之功而至此則反覆推尊以明孔子之盛
無非致願學之意示學者以作聖之楷寧為其
大而未及不欲以一偏者自致耳韓愈氏之言
曰求觀聖人之道必自孟子始其將有見於此
也夫

易

初九拔茅茹以其彙征吉

丁汝夔

同考試官學正賈　批　宛然說出君子類進之心子之征也亦以是也乎端爲世道慶矣

考試官教諭袁　批　說理文字當如此篇

考試官學正胡　批　明潔可錄

聖人於泰之初爻擬類進之象與上進之占蓋難得者時尤難備者德也有德而當其時則

類進之象征吉之占固宜有是也哉周公係初九爻義如此盖謂初九際世運之既亨幸吾道之方長南征之志非獨行也凡陽德之潛藏如初九二者莫不願為王臣而委身于虛己之主焉向往之願非獨復也凡陽剛之在下如九三者莫不作賓王朝而輸誠于下交之后焉是猶拔乎茅也雖未徧及而茹之相連者因此以達于彼茅之拔也雖非一本而茹之相牽者舉一以及其餘想其引以萃焉而後先之相望有薦

拔而無排沮也同德者乃與類行矣牽以復焉
而左右之相先有汲引而無摧抑也同心者方
以類聚矣由乎中行之道不約而同將以保泰
治於無虞如是而征其有不吉者乎確乎艱貞
之守不戒以孚將以延泰道於有永用茲而往
其有不善者乎占者有陽剛之德則其征固無
不吉矣吁此易之為君子謀者歟大抵君子小
人之進退天下之治亂關焉聖人之心豈不欲
有治而無亂有君子而無小人也陰陽消息

之自然聖人亦無如之何然於泰則勉之以於否則戒之以正又未嘗不拳拳致意於扶抑之間也吁操進退予奪之權而為世道計者尚監於此哉

德言盛禮言恭謙也者致恭以存其位者也

須瀾

同考試官學正賈　批　場中卷類多見理不真德禮謙恭冗複可厭此只平平說去聖人語意自見其學易而有得者乎

考試官教諭表　批　通篇無長語而意自足

考試官學正胡　批　易義是如此作

大傳推勞謙之由而著有終之實所以釋謙九三爻義也盖德禮者君子之自盡者也此其勞而能謙而位之存者亦有終之必然者乎大傳釋謙九三爻義及此意謂好謙者人之道持謙者君子之心彼九三之以功下人果何為哉盖恃勞而傲物德之未盛者也君子之於德也必欲懋充積之盛不以一善而自足弘遠大之規

不以片長而自溢君未堯舜吾實恥之一夫不獲吾實病之視天下之事皆所當為者矣其積之於內者可以限量而窺哉耀功以忽人禮之未恭者也君子之於禮也必欲崇遜讓之節而裒多益寡之有加持挹損之道而自卑尊人之無已滿而知懼退焉其若愚美而不揚怯焉其若訥視天下之人無敢或易者矣其發之於外者豈有驕泰之失哉夫德者君子之所有也恭者君子之不居也有而不居謙之謂也君子之

能謙如此是其暴慢之氣不設於動作之間和順之容自動於觀感之際雖不藉此以為保位之地也然功蓋天下而主不疑寵遇日隆於三接殆享漸磐之裕而無晉䶊之危矣亦非假此以為守位之計也然位極人臣而衆不疾愛慕日協於群情殆繫苞桑之固而無覆乘之虞矣君子有終之實如此擬議以為言動者可不知所勉哉嗚呼公孫碩膚赤舄几几周公之心事也三命而俯循牆而走孔子之家法也故卦之

辭惟謙爲美爻之占惟三爻吉謙不可貴乎誠然行之以誠而自得者君子之謙也行之以僞而欲取者老氏之術也一誠僞之間而理欲判焉此又不可以不辨

書

荆岐既旅終南惇物至于鳥鼠

周祖堯

同考試官教諭官　批　本旅祭上說諸山之治最是

同考試官教諭曹　批　禹貢凡山言至于者該括有山

耳子知此義而詞能發之宜錄以式來學

考試官教諭袁　批　筆力老健

考試官學正胡　批　善為文者題不能窘此作近之

史臣敘諸山之治所以著雍州之成功也蓋山治而後旅祭可行也史臣於雍州諸山而記之以此則其治功之成豈不為可見哉且夫天下之水其源多出於山而其勢亦因於山洪水方割山且懷矣可得而旅乎今禹之於雍也蹟論

之功既施而小大之水悉治故喬峙於大河之北者荊也懷襄已殺而旅祭之禮於是乎可行表鎮於豐鎬之地者岐也湰洞已消而祀享之儀於斯乎可舉或假祝號以告成而一心之齋祓載攄於對越之時或陳牲帛以報賜而一念之誠敬爰展於昭事之際荊岐既旅矣荊之外有終南焉啟祭同其禮而無隆殺之別岐之外有惇物焉繇祀同其儀而無豐簡之殊自終南惇物以至于鳥鼠其間環拱而爲山者多矣承

此水患之平得周告報之典凡出雲以為風雨而義所當祀者咸在於懷柔之中寧復有所遺乎凡顯微以神恠異而禮所當祭者皆在於饗答之内寧復有所略乎是則功成於水退之餘旅行於功成之後神禹之治雍州如此自非史臣表而出之亦何自而知之哉抑考古之帝王義重報本禮先舉祭觀諸類望禋徧與夫郊社四方之祀可見矣盖自報氣報魄之禮充之以至其極教民成俗之道實不外此禹於治水成

功之初而首事乎旅山之禮盖有以深得夫此
道矣君天下者其可以祀為不經而忽之哉
學于古訓乃有獲

袁士偉

同考試官教諭官 批 文詞豐整理趣完足必積學
士也允宜高薦

同考試官教諭曹 批 題本平易作者不腐必透語
新理到僅見此篇錄之

考試官教諭袁 批 得傅說告君之旨

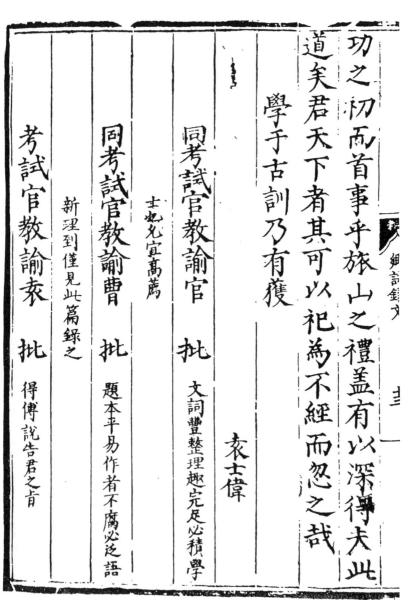

考試官學正胡　批　發揮學古有獲之效可嘉

可錄

能盡稽古之功斯有稽古之益蓋稽古而至於有得則其爲益也大矣然則欲建事以隆其治者可不知所務哉傅說告高宗爲學之說如此意謂人君之建事徒資諸人以爲助而不反諸己以務實則泛濫無歸而事之成也難矣古訓之學豈可少哉蓋古訓如典謨莫不有修身治天下之道也殆必奮尚友之志嚴考古之功因

其迹而求其心以探夫修己之成法即其事而窮其理以究夫治人之成規如俊德之明天命之勑載諸古訓者孔彰也則從而學之而精微必要其極學之弗能有弗措焉如文命之敷聲教之訖具於古訓者昭如也則仰而思之而巨細必盡其詳思之弗得有弗措焉夫然則衆理該通於真積之久萬善咸備於造詣之精事乎修己也則居安資深自有左右逢原之妙事乎治人也則體立用行自無舉錯煩擾之非俊德

知所以明之天命知所以勑之而大本之立足以爲新民之地而世可期於長治矣修身之道不於是而有得乎文命知所以敷之聲教知所以訖之而大化之宣足以達明德之用而民可保於乂安矣治天下之道不於是而有獲乎是則事不難於建也而在於得其道道不難於得也而在於學乎古如此君欲建事豈可專資於人而不求所以反己哉抑論學與事常相須不可以偏廢也學不達於事則爲無用之學事不

根於學則爲無本之事要之皆未善也傳說有
見於此故因高宗訓志之命而以建事學古啓
之無非欲其知所從事以成天下之治也興時
高宗爲商令王而措殷邦于嘉靖豈非有得於
斯言而然歟

詩

百禮既至有壬有林

李仁

同考試官教諭陳　批　作者多爲題窘明白通暢獨見此

篇必嘗肆力於詩者

同考試官學正梁　批　博洽富麗稱此經文字

考試官教諭袁　批　百禮說盡無遺其亦達於禮者歟

考試官學正胡　批　能道衛武公飲酒悔過之意

詩人言祀典之備而極其盛大焉蓋宗廟之禮以備為難也禮備而盛且大焉則祭而飲者其始可知矣昔衛武公飲酒悔過而作此詩至此則言因祭而飲者其始時之盛如此意謂當笙鼓既奏之餘正衎我烈祖之際蓋不徒和之以

樂而又成之以禮焉但見祭有百禮也自求神以至於送尸曲折固若是乎其繁然皆舉之而無遺自迎牲以至於廢徹纖悉固若是乎其多然皆行之而無失牲牢醴齊陳其潔也黻冕玉帛致其華也因物以效誠者禮固有百矣夫豈一或之不至哉獻酬登降昭其度也傴僂俯仰崇其節也因事以將敬者其禮以百計矣又豈有一之不至哉夫禮有不至小而非大也今百禮而至焉則禮制極規模之大儀文具典則也

隆不以微而少略真足以爲嘉美之會而春秋之祀其明以備也宜無尚焉者矣是不壬然其大乎禮有未至簡而未盛也今一百禮一而至焉則品節著彬彬之美條目有秩秩之詳不以儉而自陋真足以聳耳目之觀而宗廟之儀其豐以縟也宜無過焉者矣是不林然其盛矣乎夫奉祀而備禮如此此固事神之初而實飲酒之始誠能慎終如始尚何過舉之有哉大抵天下之物惟酒爲能合歡飲固不能以或廢然亦惟酒

爲飲致困故飲又不可以不節若武公飲因飲酒之過而作賓筵以自警可謂勇於自脩而不憚自改者矣其生致有斐之稱而沒有睿聖之謚也不亦宜哉後世惡醉强酒而卒至於敗者其可以悲也夫其亦可戒也夫

仲山甫出祖四牡業業征夫捷捷每懷靡及四牡彭彭八鸞鏘鏘王命仲山甫城彼東方四牡騤騤八鸞喈喈仲山甫徂齊式遄其歸吉甫作誦穆如清風仲山甫永懷

以慰其心

劉汝松

同考試官教諭陳　批　題中疊字甚多難於布置惟此篇如韓信將軍多多益善不見有一字下　整齊處御劉之才茲亦可驗

同考試官學正梁　批　大臣將命之嚴詩人餞送之情溢然言表

考試官教諭袁　批　得詩人旨

考試官學正胡　批　不費力

詩人於大臣既敘其啓行也切於思而推膺命之重復述其有行也速於歸而表作詩之由蓋山甫膺命遠行自不能已於懷也詩人得不作詩以慰之哉昔宣王命樊侯仲山甫築城於齊尹吉甫作詩以送之至此若曰山甫之城齊也當出行之時設祖道之際但見四牡在駕業業乎其甚强車徒從行捷捷乎其甚疾山甫於斯時也上思付託之方重下懼才力之未勝寧不歉歉然于中乎故駕四牡而驅則彭彭矣御八鸞

而往則鏘鏘矣王命山甫方託之以城東方焉去溥姑之舊而治臨淄之新興此版築焉者將以開久大之基其董是役也固宜為之動念矣然此亦山甫易事耳豈必真有懷哉故又謂四牡之駕則皆騤騤而盛八鸞之鳴則亦喈喈而和山甫之徂齊也必將籍指顧以集事計程日以來歸寧能久處於外乎故夫餞贈有詩吉甫之所作也深長有味穆乎其清風也山甫有懷寔不能已於旦夕焉故推賦稟之異以及德職

之隆為此揄揚焉者庶以慰山甫之心其聞吾言也或將有以自釋矣是則非山甫不能承王命之重非吉甫不能慰山甫之心形諸歌咏一時之盛可想見矣嗟夫人臣事君之忠顧其心之何如耳能盡其心則事濟而忠於君者至否則亦徒事乎虛文而已今觀周之山甫兼內外出入之任保王躬補王闕職業之脩多且大矣而於城齊一事猶拳拳於心思而不已古之君子其知崇而慮卑也固如此哉

春秋

盟于召陵 僖公四年 會于蕭魚 襄公十一年

黄禎

同考試官訓導謝 批

桓悼之事兩傳若的對而作者往往以禮字誠字立說不盡傳意此篇理明義盡宜錄以範經生

考試官教諭袁 批

序桓悼之績甚明可取

考試官學正胡 批

文勢嚴整且得胡傳意

春秋於伯主有因講信而序其績者有因講好

而序其績者此召陵之盟蕭魚之會皆春秋之僅見者也聖人各序其績宜哉慨昔楚貢不共齊桓帥八國之師以伐之於是屈完如師而召陵之盟講焉夫盟亦衰世之事耳君子何以序其績耶誠以師出則以律招攜則以禮王者之能事也當是時也齊師壓境其鋒固不可敵楚亦聞之而震恐矣桓何以處此蓋師雖强也用之一視乎律按兵不動惟脩夫文告之詞夫何有於暴也敵既服也下之必交以禮和戎有道

惟講夫會盟之好又何有於驕也夫既以律而用師又以禮而下敵卒之齊主盟於夏而楚不敢動其亦庶幾乎王者之事矣春秋之盟孰有盛於此者故君子特序其績傳曰春秋美召陵蓋以此至若鄭人無信晉悼合列國之衆以伐之於是伯駢行成而蕭魚之會講焉會亦諸侯之常耳君子又何以序其績耶誠以推誠以待人善師而却敵伯者之難事也當是時也鄭雖有請其言猶未可信楚固視之爲進退矣悼何

以處此蓋鄭難服也禮其因而與之歸納條禁侵無復猜防之意固不用夫詐矣楚難御也鮮其衆而使之却卷甲韜戈無復戰鬬之心又弗勞於力矣夫既以誠而懷鄭又以善而制楚卒之鄭固好於晉而楚不敢逼是真足為伯者之烈矣春秋之會孰有盛於此者故君子特序其績傳曰春秋美蕭魚又以此是則齊桓之盟而不專亨於甲兵晉悼之會而獨有外於智術聖人於是亦有不得不善之者矣何容心哉抑論

二公之所以致此非徒其主之賢蓋亦有賛助之賴焉齊桓用管仲以佐政晉悼聽魏絳以息民故其功烈之盛如此微二子吾未知其何如也噫彼特一伯主耳而尚有賴於賢能之用如此世之有天下而以四海為業者獨安得不求夫賢於二子者而用之乎

宋公陳侯衛侯曹伯會晉師于棐林伐鄭

宣公元年

石存仁

同考試官訓導謝　批　胡傳甚明而工於辭者晦之

此篇用字用句明奧可愛足占所藴矣取之非獨

以其文也

考試官教諭袁　批　詞簡意明可式

考試官學正胡　批　得謹嚴體

春秋于伯臣合兵討貳也嚴詞以謹其分美詞

以著其功此棐林之後有關於君臣夷夏大矣

春秋得不致意於書法間哉慨昔鄭因晉靈不

道竊附荆楚敢為陳宋之侵于時趙盾用政會

師四國以爲伐鄭之舉今不書盾而曰晉師者何耶誠以君之與臣截然堂陛之嚴宋陳衛曹國雖小也皆稱列國之君趙盾主盟權雖重也不過大夫之職使以五等之君而會於三揖之臣則臣疑於君可以訓乎故特列數諸侯會晉師而不書趙盾之名氏卑之使不得以抗夫尊抑之使不得以伸於貴所以辨上下而謹天下之大分也其先書會而復言伐鄭者何耶誠以夷之與夏凜然首足之義諸侯與國勢稍屬也

所宜盟狩之常脩夷狄豺狼性本異也豈其族類之可狎今以中國之君附於夷狄之主則夏變於夷矣可不懲乎故特先書會于棐林而後言伐鄭者蓋誦言以正有罪陳兵以討不恭所以嚴內外而正天下之大防也是則君臣之分不可亂也而春秋辨之夷夏之防不可紊也而春秋定之聖人何嘗容心於其間哉抑論救人而免之於難所謂福也伐人而入服之所謂威也書曰惟辟作威惟辟作福其在諸侯猶有不

得而擅焉者趙盾以大夫專之盖靈公幼弱政
在臣下救陳伐鄭惟其所爲桃園之變已胚於
此嗚呼人君之於名器其愼毋輕於假人也哉

禮記

天則不言而信神則不怒而威

張世臣

同考試官教諭王　批　題涉性理便難下筆此作辭氣森
容義理完具禮經之巨擘也

考試官教諭袁　批　語新意足迥異衆作

考試官學正胡　批　純雅

君子論善心之妙於己者而著其有驗於人者以見其致樂之功也蓋人心至於天且神則無為而人自信畏矣其感化於樂之妙也固如此哉記樂君子之意謂夫心者作樂之官樂者養心之具君子致樂以治心則易直慈良之心生矣而其妙之臻也寧不懌樂安久而極於天且神哉故自其天言之存諸中者一太極之本真而泯然其無迹見諸用者一性天之流行而粹

然其至純是以良輔未啓也而覲德者自爾其心醉咸說未勝也而聞風者自爾其誠服無聲之中氣志既從也恭默之下肝膽相孚也顧豈待於言而人始信哉使信而有待於言焉則非所以為天矣自其神言之存主莫測有不疾而速之機變化無方有不行而至之妙是以鈇鉞未飾也而望之者自凜然而不敢犯聲色未厲也而即之者自慄然而不敢違嚴憚之心不替於柔顔之際也爭戾之氣常消於令色之餘也

觀豈待於怒而人始畏哉使畏而有待於怒焉則非所以為神矣吁樂之感化人心至於如此窮本知變之妙不亦從可識歟雖然此特即其驗於人者以見致樂治心之妙也若夫感人動物之效固其所必得者故下文有曰內和則民瞻其顏色而弗與爭又曰德輝動於內而民莫不承聽者凡以此也豈特此哉推而極之位天地育萬物要皆不外乎此耳後世不知此道直以樂為娛樂之具至有厭其淡而聽惟恐卧者

嗚呼治心之道荒矣安得負賔年賈之席侍聞韶君子而聽其論樂哉

顯揚先祖所以崇孝也

王瑆

同考試官教諭王　批　場中士子於顯揚崇孝處分析不明是作縷數語而義自昭然蓋嘗用心於本領者

考試官教諭袁　批　講崇孝處甚分曉

考試官學正胡　批　辭贍理具

論後人銘先世之美所以隆尊親之道也夫子

不至於湮没焉託物以永其傳鼎與美相爲悠久睹斯鼎則仰斯人久而彌芳也資器以昌其世賢與彝相爲終始目斯彝則心斯賢遠而彌章也夫顯揚先祖如此豈徒外飾以誇人哉亦將以崇吾子孫之孝焉蓋養而順喪而哀固曰孝也使先祖之美自我而無聞焉孝亦因之而薄矣葬以禮祭以時亦曰孝也使先祖之賢自我而不傳焉孝亦因之而虧矣今也銘之於鼎萬世不朽則吾之心所以盡尊尊之義者固不

但一時之順與哀而已矣孝道不於是而崇乎勤之於彝永久不磨則吾之心所以篤親親之仁者固不但一時之葬與祭而已矣孝道不於是而隆乎是則子孫之孝在於顯揚先祖如此崇孝君子可不知所務哉大抵鼎之有銘固足以隆子孫之孝亦足以見子孫之賢蓋賢則明仁與知皆所兼備銘斯錫於上而孝斯隆於己美故曰先祖無美而稱之是誣也有善而不知不明也知而不傳不仁也此三者君子之所恥

也有志於鼎銘以祀其先祖者尚無怨此

第貳場

論

大臣身任天下之重

李仁

同考試官教諭陳　批　論場文字率多蹈襲陳言不可入意此卷詞氣春容議論渾厚讀之令人心目豁然

同考試官學正梁　批　求賢事君此是大臣心事子能發之筆下而文辭理致粹乎鑿然見知為佳作本房之冠舍子其誰

考試官教諭袁　批　脱去陳腐一氣呵成真傑作也

考試官學正胡　批　氣有餘而筆路亦自英邁論似此者絶少

論曰大臣欲舉其身之所任則必圖其身之所資者矣何則天下之重勢之大者也大臣以其身而當之任之大者也負任之大而不知所以大之之道則是以吾之小而欲圖天下之大亦難矣故身之所在天下之所在也天下有資於吾身吾身獨無資於天下乎理一而已故善相天下者不以吾身視天下而以天下視天下惟

其不視之以身而視之以天下也則凡出於天下而為吾身之所資者於是乎必盡力焉以圖之圖之而有得焉則可資之以舉吾身之所任然則舉吾之任非以吾身也以天下也斯則所謂善運天下者乎相道其盡於此矣大臣身任天下之重資乎天下之賢者也愚請得而申之夫天下之事關於一人之身而無待於外者則人皆可以罄其力之所能使非一人之力所能及也又得一人焉資之而合其力則吾不殫于

勞而事立矣是非吾之力也人之力也人之力
亦吾之力也吾惟知乎事之立而已他何計哉
夫事之關於一人者如此況涉於衆人者而不
以衆人圖之乎又況重於天下者而不以天下
圖之乎夫大君者天下之衆之所歸也大臣者
君之所資以衆之所歸而俾之理也大臣苟無
意於天下之重亦已矣如有意焉則必思君之
所以資於我者何如衆之所以歸於君者何如
於此而無道以處之焉則傾耳而聽命引領而

具瞻者將徘徊顧望而皆失其所以條理而𢡟懞之者矣相天下之道顧如是乎曾謂任相道者顧甘心爲之乎且夫事之出於天下者無盡而其機則因乎時變亦無盡也有天下之事則有天下之才事之至也有常而有變而才之生也皆有以應之而無不足者天使之然也才之生於天者不一則事之變於人者可一矣夫世之所謂賢者才之所由出也賢有巨細而才亦因之固不可以類拘矣大君者選天下之賢謂

吾可以當天下之選而爲之大臣也於是乎擧天下之事而倚之焉下而百官又下而萬民人何衆也禮樂刑政教養工虞政何大也自畿甸而郡縣由中國以達於蠻貊其日有望於我者事何繁也大臣皆以其身而任之然謂其身可以任天下之事則可謂其身可以理天下之事則不可何也蓋其身之所恃不過乎一耳目之聰明而已天下之事豈無有遺於聰明之外者乎不過乎一手足之勤力而已天下之事豈無

有遺於勤力之外者乎大臣於此亦籌之熟矣是故君心事之本也國論事之定也心正則不搖論定則難撓執此之要以運乎天下殆必不專乎己而不能不資乎衆賢之助焉甚矣賢之不可以卒獲也不有以豫之孰得而取之不有以儲之孰得而用之吾惟夫觀之不久與夫察之不精也則長短之實不可得而知矣惟夫得之不多與夫蓄之不富也則更迭之用不可得而備矣惟夫幽隱不達取舍不明則讜言之閒

望實之隆不可得而兼矣於此而必盡力於入才之求焉方其責之必加於己而未及也無旦暮之倉卒無利害之紛拏誠心素著歲引月長自重者無所嫌而敢進欲進者無所為而不來則久而精矣而多且富矣而幽隱畢達取舍不眩矣由是而參伍校量用之以共正君心同斷國論也則衆賢之所能為者皆大臣之所願為者智之所集可以補乎吾見之闕勇之所萃可以濟乎吾力之僃才非已出而安享其成身不

役而功可大焉天下之人將必曰大臣之尊君也如此君之任大臣而庇乎民也如此大臣之任重而無愧其職業也如此至於宣力効能之衆賢而齒不及焉非故不及之也美之所趨在乎勢之所主也大臣其善運相道於天下者乎苟徒聽聽於廟堂而營營於百執事之役思以專天下之美而曰吾勢有不分則潰裂四出不可以救藥雖有豪傑之才並起而拯之亦無及矣然則居大臣之位而身斯世之責者盍亦慎

所務乎

表

擬宋罷諸營建群臣謝表 大中祥符九年

周祖堯

同考試官教諭官 批 營建一事最爲勞民傷財真宗納李迪之言悉罷其役子能於稱謝之間而暴其不吝改過之美用是錄之非獨取其駢儷耳

同考試官教諭曹 批 真宗營建甫罷雨隨降而蝗赴海納諫改過之效至今有光此作不煩數言而能模寫其盛佳士也

考試官教諭表 批 駢儷中寓忠愛之情讀之有餘味

考試官學正胡 批 駢儷典雅表之得體者也

具官臣某等於大中祥符九年九月伏覩

詔書以災異悉罷諸營建者臣等謹稽首頓首

上言伏以

有作必書魯史重南門之役遇災知懼周

詩歌雲漢之章蓋民力艱難固宜軫

淵衷之隱恤而天心仁愛必將勤

聖德於增脩災變不虛隆平有助茲蓋伏遇

○○○○

智同日月

仁洽乾坤厥後王侯異兆夙徵於藩邸少年

天子人心久屬於

東宮釋逋負而置常平窮民攸賴封聖賢而

祀

闕里吾道有光預政嚴近習之干佐

國出內帑之積用率多乎君子刑不及於士

夫將

萬乘於澶淵奮
神武以安天下頒九經於學校息邪說而正
人心用張詠以重西土之干城委寇準而
爲北門之鎖鑰太平之盛隆古所無真
大有爲之君誠
不世出之主頃者誤聞神道遂信天書星冠絳
衣先耀恍神入於夢寐黃帛鴟尾禎祥啓
臣下之紛紜祀
聖祖而享

玉皇封泰山以禪社首遂竭州郡之力大增宮
、觀之脩膏血委之泥沙土木被以文繡民
亦勞止國何堪焉蝗旱相仍幸
天意之示警祈禱無益喜
聖心之洞開始悟欽若之奸爰納李迪之諫
絲綸下降朝野騰歡乃
命督役之官盡散趨事之衆十五年之計料一
念改圖千萬姓之倒懸片時立解斧斤偃
霜鋒之歷歷版築息雲杵之登登鼙鼓沉

聲梓人弛力祭非鬼之用省之以裕國家
作無益之夫驅之盡歸畎畝義同秦監
詔比輪臺澤下於天卜有年於五稔遑飛赴海
知效順於百靈其視魏建集靈太子極陳
而不允唐營昭應公卿捨宅以為諛者相
去何天淵哉伏願
八極同春災日消而祥日至萬邦作乂
國愈泰而民愈安臣某等無任瞻
天仰

聖激切屏營之至謹奉表稱

謝以

聞

第叄場

策

第一問

黃楨

同考試官訓導謝　批

我

聖祖衍無疆之休以垂法無窮正以留意大學衍義一書場中荅此者

類多冗泛可厭此子條陳規諷能曲盡其旨而末復
以四要之急且重者為
今日獻可謂華國之文矣主司得之良以自慶
考試官教諭袁　批　士子於
國朝政典漫未之知此篇能備述我
聖祖學古有得之實而辭氣溫淳識達遠大非專於舉業者宜取
以薦
考試官學正胡　批　此策於我
聖祖及

今天子講學之盛美能具言之且忠愛溢於言表明年曲江春發香

當為子拭目以待

聖學講于昔既有以弘一統之基

聖學繼于今斯有以保萬年之治葢帝王之有學所以維持此心而出治道者也創業非此則智慮踈而不足以盡天下之變故其於政也必將有偏而不舉之弊守成非此則心志逸而不能以明君人之監戒其於政也必將有弛而不振之憂書不云乎學

於古訓乃有獲監於先王其永無愆創業守成之道要皆具於是矣請敬陳之昔宋儒真德秀衍大學之義為垂世之書舉其最急而先者以特示其目於格物致知則以明道術辨人才審治體察民情為要於誠意正心則以崇敬畏戒逸欲為要次之而脩身也以謹言行正威儀為要又次之而齊家也以重匹配嚴內治定國本教戚屬為要蓋皆格言也哉

太祖高皇帝獨重其書書之殿廡以代丹青朝
夕省覽之餘自有得師之效竊嘗以
聖政記所載觀之廣大悠久推隆孔子之教化
恍惚幽恠深斥神仙之幻惑必用正人以
明樹藝必斥讒邪以去稂莠則道術明而
人才辨矣制寛節簡痛懲胡元之弊習禮
敬樂和盡復中國之舊觀憐鰥寡也而給
之衣食念供需也而除其租賦則治體審
而民情察矣上畏天地下畏兆民脩德省

德日慎一日色遠靡曼聲放窈窕清心寡
欲不侈不驕則又所謂敬畏崇而遠欲戒
矣一言而善知四海之蒙福一行不謹恐
天下之罹殃非所以謹言行乎迩視却聽
而上契冲漠建中保極而動靜合道非所
以正威儀乎
聖后喩以良相妃嬪必選良家令獨密於宮闈
法常嚴於內侍匹配之重內治之嚴也為
何如輔導命諸老成戒諭期於道德親故

居八議之首外戚無預政之嫌國本之定
戚屬之教也又何如夫以行義之四要備
乎
聖祖之一身此所以能成華夷混一之功衍萬
世無疆之慶也方今
聖人在上神謀睿斷
烈祖有光除暴安民金甌無缺然自今言之生
知之聖固無事於章句然聖賢義理之訓
古今成敗之迹布在方冊亦或有待學而

後知者華陽范氏有言曰人君之學與不學其所係豈小哉天命之所以去留人心之所以向背君子小人之所以進退中國夷狄之所以盛衰皆於是乎判焉又況大學為帝王傳心之要典而衍義君天下之格律也誠能若

聖祖之潛心焉揭之座右體之日用則格物致知誠意正心脩身齊家皆今日之所當急務者也推之以治國平天下所以守成業

而致盛治又豈外是哉謹以是爲

獻

第二問

李仁

同考試官教諭陳　批　六經四書文章宗祖古之擅名者多本於此近來士子漫不加意而於左傳戰國策字字句句必模倣焉嗚呼彼何時也使其作者尚存猶不足以鳴我

國家盛治又當救法之耶此篇詞氣渾融體製典雅一掃流俗之弊得人如此

真可以自慰也矣

同考試官 批 因文以見人主司今日事也業

詞嚴義正而氣象悠然有士如此益徵喬皇文獻而見我

朝教化之盛

考試官教諭袁 批 文有矩度此豈欲投時好者

哉

考試官學正胡 批 文盛則弊自古為然轉移之

機固有所在此作盡之矣

文章之在天下其弊也有所因其復也有

所自夫世所謂文章者非以狥時之為貴而以復古之為難文之亡者文之弊也亦其習有以驅之也然弊而至於極焉則不得以不變變或由於時亦或由於人人之高下亦時之盛衰也二者未嘗不相為流通焉嗟夫文之為物其妙著於天地之變態其氣發於光嶽之精英道有升降而文則因之以高下也粵自唐虞三代之事功播而為六經紀載之謨典渾淪完固皆雍

熈太平之迹純粹精確皆禮樂文物之懿
不求文而自無不文卓乎其不可及者治
世之文也降而春秋戰國氣化如江河之
趨日月之昃愈久而愈下所謂完固者變
而為刻削純粹者變而為浮誇傳記皆縱
橫闔闢之說以漸入於纖巧靡麗之歸國
語左傳則衰世之文戰國策則亂世之文
也而所謂關乎時者此也然李唐元和之
間承南北之分裂沿江左之餘風一時以

文為駢者務為剽竊拙合低昂文之體壞亦極矣於是而得一韓子焉刋落陳言橫騖別驅始復西漢之舊而文於是乎變矣蘇文定所謂閎頹波而東注之海者非耶趙宋嘉祐之間承五季之衰陋襲西崑之舊格一時以文為高者務為鉤棘寖失渾厚文之體壞亦極矣於是而得一歐陽子焉力裁時體截去刀尺以追元和之風文於是乎又變矣韓忠獻之稱其昭列緯而

布之天衢者非耶所謂存乎人者此也越
自我
朝上以科目取士下以文字進身趨時求合
不本於身心摘句尋章盡由於口耳文之
壞亂固亦猶夫昔也其獨無起而變之者
乎方、
今文教聿興氣化隆洽固已值其時矣宗工
鉅儒彬彬在位亦已有其人矣文體之變
斯其旹也苟能慎科目之選崇尚乎朴素

之文嚴時好之禁擯斥乎虛誕之語如韓之於唐如歐之於宋廟廊既倡於上士子必應於下浮靡者可使之為深淳奇僻者可使之為渾厚駸駸乎典謨訓誥之風亦可跂而想矣愚方從事於鉛槧之末何幸親觀三代之盛於

今日

第三問

張世臣

同考試官教諭王　批　此卷學識該洽才氣雄偉而秀雅

一策斟酌古今鑿鑿可行識時務者在俊傑將有卜於子也耶

考試官教諭袁　批　大凡人之深有所得者則其發之

言論風旨自爾不同如此策何嘗不平易可曉而辭氣亦自振

邁三復過目為之躍然

考試官學正胡　批　此策考據精詳灼有定見而文

氣蔚然無一字不自肺腑流出錄之可以為式矣

善救弊者必探其本之當先善論事者惟

切於時之為貴何也弊之積也固非一日

之故而法之用也不必執一定之說蓋得其本則末自治用之而宜焉則世所謂良法美意吾皆無舉而無遺矣救弊君子其亦知所務哉今夫兵食之為物若有二者而其所以為用則常相須也何也古者井田法行兵農為一居則為比閭族黨師鄉出則為伍兩卒旅師軍有事則荷戈而戰無事則執耒而耕兵農皆裕無弗給者其後兵農岐而為二則兵方憂於空乏至有

一戶三男而並驅爲戰卒者矣民復病於轉輸至有發運三十鍾而僅致一石者矣如之何其能富且强耶夫兵國之爪牙也誠不得而缺焉

國朝之制自畿甸以達於邊鄙屯營相望又設憲臣以專董清理之政亦既足兵矣而復告乏焉者其未知所以恤之故耶食國之命脉也誠不得而少焉

國朝之法合水土以貫於
京師諸道輻輳又
詔大司徒以行召募之策亦既足食矣而復告
匱焉者其未知所以節之故耶夫兵之制
也本失古而其用之者人也兵有奇變不
在衆寡財之生也止有此數不在官則在
民矣故將兵者之有人則不患兵之不強
理財者之有人則不患食之不足所謂有
治人無治法不信矣乎故夫兵一也用之

而善則雖武王之三千而有餘否則兵連百萬猶有北焉者矣食一也在文景之儉素則雖薄歛而猶豐否則算及銖錙猶有耗焉者矣蓋天下有不可料之事勢而君子有不必泥之權衡顧吾之所以理之者何如耳且天下之精兵有過於邊塞者乎邊塞之食大率仰給乎內郡而難免於起運矣天下之蓄積有過於
內帑者乎內帑之貯大率多為乎軍需而已

至於充溢矣起運不可易固也轉輸之勞不識果以為便否乎積之不輕發固也膏血之竭不知亦有當念否乎推之而冗兵可裁汰其老弱在所急也推之而冗食可革覈其名籍在所先也而猶未也必法古人之足邊如趙充國之分兵金城且耕且守可也如諸葛亮之屯軍五丈耕者雜於渭濱可也不得已而思其次焉如李抱真之在澤潞籍民為兵蠲其徭租給弓矢令

閑月習射歲終大閱不廩於官比三年皆為精兵用其軍以最諸道今之所謂民兵者皆倣而行之則亦一策也而寓兵於農者得矣必法古人之富民如漢文帝賜民租之半可也如宋仁宗之詔省浮費可也不得已而思其次焉如劉晏之在江淮榷鹽法排商賈操天下贏貨以佐軍興拏兵四十年而斂不及民用其術以利國家今之所謂國稅者皆倣而行之則亦一策也

而藏富於民者得矣雖然債帥之未除掊
尅者方衆也仕版之未清濫賞者方啟也
若是者皆所以為今之蠹也必盡有以去
之而兵與食其少濟乎然此亦特其末耳
昔宋儒朱子論制禦夷狄之道亦嘗歷考
於舜益相戒之言與文武天保采薇治內
治外之政謂其備一不在於邊鄙而在於朝
廷其具一不在於兵食而在於紀綱信斯言
也則今之所務固亦有先於此二者乎而

區區芹曝之誠方欲自達於
天子而有未能也執事幸毋謂其嘐嘐

第四問

黃禎

同考試官訓導謝　批　策所以觀人才識不但於其學問
此策指陳時事深中其病而末復歸於用人足徵學識之高

考試官教諭裘　批　對此策者多事無根據浮冗厭人此
篇上下今古歷歷無遺直欲挽齊魯之政以畢其措置經濟之學居然可見

考試官學正胡　批　極知齊魯事而尤善斷

消天下之患必思所以脩天下之政善天下之政必求有以順天下之情蓋世之為人上者莫不以盜為患而入之情則有不能盡察焉者夫其好勞而惡逸喜富而憂貧樂為君子而恥入於小人之歸情固無不同也為政者能順其欲而與之相安焉則不必予之而民生自無不遂其於為盜也不必禁之而亦自以無犯用是道也推之治天下可也而況於齊魯之地乎請竟

言之昔者太公之封於齊也以齊地潟鹵
少穀𨒂勸百工以通魚鹽極女功冰紈之
巧號冠帶衣履天下厥後桓公用管仲設
輕重九府遂伯列國至於威宣而猶賴焉
其於富强可知也周公之封於魯也初主
其民尊尊而親親已有聖人之化繼而瀕
洙泗之教其民涉渡幼者扶老而代其任
與夫講誦禮樂之相聞絃歌之聲不絶至
於漢而猶有徵焉其於禮義可知也夫今

之齊魯亦昔之齊魯也魚鹽之利雖通然鴻鴈哀鳴動中澤之思者豈盡無哉禮義之風固在然奸究竊發弄潢池之兵者豈盡無哉原其所以蓋山東為

京師股肱之地寔當南北水陸之衝徵歛繁急十倍他省以故兩年一役四年再役州縣之民皆然也至如漕河之牽挽則日用千人之力而猶不足其徵調有如此者少至數十多幾百金傳舍之費皆然也至如

臨清之應辦則傍借數郡之財而猶未及其供給有如此者及夫入粟於
京邊也千里以致餽三倍以登直而後吾之租可完暨其還也則妻孥已有屬之他人者矣其轉輸有如此者其又甚焉則不論地之磽薄不問土之虛曠而必督以稅糧之如期則愈亦非夫情矣其又甚焉則又肆為漁獵之計濟之嚴酷之刑忍於朘民之膏血而無忌而民益以無聊矣夫如是

則令之為吾民者又共有所謂仰事俯育
之樂以自遂於閭閻里閈之中哉又安能
使之不轉徙他鄉相去而羣聚為盜哉為
令之計亦反其本而圖之必也爬梳剔刮
以節其勞必也樽節愛養以豐其財必也
斟酌通融以均其力必也招徠安集以繫
其心必也預為區畫廣置蓄積以為水旱
饑荒之備必也嚴約束正綱紀以去其害
民之人其或勢不得而專也為之力請于

朝以蠲數年之逋負以緩一切之征科以停
泛使之差遣以禁勢人之誅求以除稅額
之溢濫而又用漢人故事求得如龔遂李
固者以治渤海泰山者治之解其刀劍而
使買牛犢招以恩信而盡令解散即如是
則民生可安盜賊可弭復從而導之禮讓
之節以興仁孝之風則周孔之教當亦不
遠矣夫渤海泰山固齊魯之地今之民亦
古之民也遂固治效斑班傳記又如此使

為守令者踵而行之其獨不能收渤海泰
山之功乎脫或未能遂民之生而獨求所
以治盜以禁捕為能以摘發為明以擒斬
為功吾方執法而議之曰此盜也所不可
宥焉者嗚呼其盜耶民耶吾不得而知也
愚生狂妄不覺縷縷至此執事者必有惻
然於懷者矣

第五問

周祖堯

同考試官教諭官　批　治河救荒古今論議多矣卒無一定之見此篇援古証今不拘不迂亦可以備一家之說錄以傳

同考試官教諭曹　批　策場非素有所養者不過敷演問目令人讀之生悶此篇意周辭達可謂熟於時務者矣

考試官教諭袁　批　不浮不略用世之學

考試官學正胡　批　非究心民瘼者不能答此

議治河者不可執一定之見議救荒者不可徇一時之謀夫治河當隨其變遷之勢苟執一定之見則古有不通於今救荒當

預其儲備之需苟狥一時之謀則法或不恒於久矣執事以山東之患莫有大此二者急欲聞之以下詢承學敢不掇拾以對且天下之患有古今不能善其謀而卒至於病中國者河患是也有天時不能保其常而忽至於歉歳年者水荒是也然雨久則霪霪則澇澇則必至於溢河之溢澇之使然也二者亦未嘗不相為消長以河溢言之瓠子之決於漢金堤白茅之決於宋

時之議者紛紛各一其說要之切於事者則賈讓之策與歐陽脩之議耳讓欲決黎陽以注海為上穿溝渠以殺勢為中增卑薄以繕堤為下其說亦詳矣脩之言則極言商胡之不可塞六塔之不可開災傷之民不可以過役惟欲浚河入海以停不急之征焉然功鉅者非歲月之可圖讓之上策卒難舉行為其事而利害不足以相補則脩之所建亦一時之正論也讓與脩豈

可以優劣觀哉以水荒言之議者紛紛亦各其見要之便於民者則漢鼂錯之疏宋朱熹之論耳錯欲使人入粟於邊拜爵免罪為支五歲之計復欲入粟郡縣為支一歲之計其意亦善矣至熹之論則欲如先王之制使民三年耕以餘一年之蓄積之三十年以餘十年之蓄而復欲取法漢入以脩常平之政焉然鬻爵則豈盛世之宜有錯之言本非經常推之天下而水旱不

能以為憂則熹之所言固為萬世之良法
也錯豈可與熹同論哉雖然漢宋之議固
有定論律之於今則有不盡然者且古之
河患恐傷田廬今則重傷運道古惟治河
今則兼欲治淮何者河漸北徙勢逼運漕
欲濬之使南不能也為今計者惟築之堤
以防其橫逸之衝障之埽以絕其奔騰之
勢亦似矣然窮年之費終無止息愚則以
為宜稍順其勢以通近年之故道由丁家

口以達徐由徐以達淮則河流漸遠運道
可保而田廬之浸庶其少免矣乎所謂不
可執一定之見此也古之救荒曰儲蓄而
已今之倉廩多虛曰賑恤而已今之
內帑未發況夫淡句之兩平原谿壑欲置之
弗擬不可也為今計者寬力役使完其室
廬除租賦使遂其飲食亦似矣然他日之
慮豈可遽已愚則以為宜設之田官以專
阡陌之勸課修社倉於鄉修常平於州邑

與郡則公私皆給而旱潦之災庶其少備矣乎所謂不可狥一時之謀者此也雖然河決水潦皆沴氣乘之也君子修德格天則可以弭災而休徵類應其說著於洪範殆有不可誣者鯫生末學固不能酌古準今以濟當世之務然於天人之際則亦嘗竊之矣敢以是以卒其說執事其以為何如

山東鄉試錄後序

山東正德十四年鄉試錄成

考試官達曰周禮在魯季札

觀焉夫齊魯聖人之鄉也千

餘祀于斯典彝名物猶有存

者士無賢不肖孰不願憑軾

其間乎予何幸之至于斯也

周游轍迹展其執事東山在東泰山在南曰美哉高乎吾夫子之所嘗登者也濟水入于海汶水合焉曰美哉深乎吾夫子之所亟稱之者也士咸纓冠鼓篋其来于于若霧蒸雲滃泉逢涌而出焉曰盛

矣哉殆闓闔縫掖之裔歟長
篇大章旨而文典而速廣而
儉約而盡質而不俚色而不
華深而不詭淺而不露曰美
哉秩秩乎謂之七十子之餘
言非邪歷覽山川之迹載觀
人文之運予何幸之至于斯

也雖然道立于前定功正于
預養諸君子策名斯錄服官
之始用世之階也主司能無
厚望哉昔宋仁宗試士曰願
得忠孝狀元歐陽子論科舉
之法亦曰忠孝之士庶幾臨
事不甚顛沛夫天下之士勇

者辯者才智者文詞者其品
恒不一宋之君臣乃一切置
之而獨于忠孝不忘乎蓋利
害禍福變之形也去就取舍
情之遷也是非可否理之定
也勇辯才智文詞之人是非
糾紛錯可否不辨營營逐逐

汲于利害禍福之中而取舍去就惟其私焉即得勇者乎則李衛甘臣虜之辱即得智者乎則儀秦持反覆之口即得才智乎則陳平背王劉之盟即得文詞乎則楊雄獻美新之頌是皆惡足恃邪忠臣

孝子見道惟明執德惟固是
非可否之極定於我利害禍
福之分制於命取舍去就之
幾成於義故列茅封爵不足
以誘其衷身爲匹夫不足以
奪其節鼎鑊斧鑕不足以挫
其氣是乃天地之紀邦家之

幹也國無斯人而得為國哉
此望治者所以側席以思之
握髮以求之而不于其他焉
今日
朝廷之上好賢樂善數倍于仁
宗主司亦竊有文忠之心者
也諸君子盡慎德焉俾天下

萬世指斯錄而數之曰某也忠某也孝則上以名求下以實應始以文進終以行顯聖人之教從乎凜乎復行于齊魯之區矣獨山川人文而已哉

浙江處州府青田縣儒學教

諭袁達謹序

榮祿大夫太子太保戶部尚書張子麟 甲辰進士

資善大夫禮部尚書兼翰林院學士袁宗皋 庚戌進士

資政大夫掌詹事府事禮部尚書兼翰林院學士劉春 丁未進士

資善大夫吏部尚書石珤 丁未進士

資善大夫都察院右都御史張綸 甲辰進士

正議大夫資治尹戶部左侍郎鄭宗仁 丁未進士

嘉議大夫太常寺卿兼經筵提督四夷館禮部右侍郎俞琳 丁未進士

通議大夫兵部右侍郎楊廷儀 己未進士

正議大夫資治尹工部右侍郎趙璜 庚戌進士

正議大夫資治尹大理寺卿趙鑑 丁未進士

翰林院侍講學士奉直大夫劉龍 己未進士

提調官

資政大夫禮部尚書毛澄 癸丑進士

禮部右侍郎汪俊 癸丑進士

監試官

文林郎江西道監察御史王潮 戊辰進士

文林郎湖廣道監察御史張仲賢 乙丑進士

受卷官

翰林院侍講承直郎穆孔暉 乙丑進士

翰林院修撰承務郎楊慎 辛未進士

承事郎吏科都給事中張九敘 乙丑進士
文林郎户科都給事中邵錫 戊辰進士

彌封官

通議大夫太常寺卿劉棨 秀才
亞中大夫光祿寺卿張玠 丙辰進士
中順大夫尚寶司卿喬宗 壬子貢士
奉議大夫尚寶司卿劉銑 儒士
奉直大夫鴻臚寺少卿宋滄 戊辰進士
奉訓大夫尚寶司少卿方英 丙午貢士
翰林院編修文林郎許成名 辛未進士

翰林院編修文林郎張璧　辛未進士

承事郎禮科都給事中邢寰　乙丑進士

文林郎兵科都給事中[illegible]　壬戌進士

徵仕郎中書舍人殿孚　舉人

掌卷官

翰林院修撰儒林郎唐皋　甲戌進士

翰林院編修文林郎張潮　辛未進士

翰林院檢討徵仕郎郭維藩　辛未進士

承事郎刑科都給事中劉詩　戊辰進士

承事郎工科都給事中吳巖　戊辰進士

巡綽官

懷遠將軍錦衣衛中所帶俸指揮同知朱宸

昭勇將軍錦衣衛管衛事指揮使周賢

懷遠將軍錦衣衛指揮同知路安

昭勇將軍金吾前衛指揮使常淳

懷遠將軍金吾後衛指揮同知徐廷

印卷官

奉議大夫禮部儀制清吏司郎中余才　甲戌進士

承直郎禮部祠祭清吏司署員外郎事主事楊繼[illegible]　癸未進士

承直郎禮部主客清吏司主事徐[illegible]　丁丑進士

承直郎禮部儀制清吏司主事張[illegible] 辛未進士

供給官

奉政大夫光祿寺少卿鄭宗鑑 己丑進士

承務郎光祿寺寺丞黃[illegible] 戊戌進士

承德郎光祿寺寺丞劉[illegible] 乙丑進士

將仕佐郎禮部司務李輔 癸酉貢士

奉議大夫禮部精膳清吏司郎中侯綸 辛未進士

禮部精膳清吏司署員外郎事主事張[illegible] 丁丑進士

承直郎禮部精膳清吏司主事張[illegible] 甲戌進士

恩榮次第

正德十六年

五月十五日諸貢士赴

內府

殿試恭遇

武宗毅皇帝

大喪禮先期本部奏

准事宜從簡是日早引諸貢士於

西角門行五拜三叩頭禮畢赴

奉天殿前丹墀內設策問

五月十八日早

文武百官素服侍班

上御

西角門鴻臚寺舉案置于中翰林院捧

黃榜授禮部置于案諸進士服進士衣巾行五拜

三叩頭禮

禮部捧

黃榜樂設而不作導引出

長安左門外張掛畢順天府官用傘蓋儀從送狀

元歸第
五月十九日
賜狀元冠服及進士寶鈔
五月二十日
狀元及諸進士赴鴻臚寺習儀
五月二十一日
狀元率諸進士於
西角門上
表謝
恩

五月二十二日狀元率諸進士詣
先師孔子廟行釋菜禮
禮部奏請
命工部於國子監立石題名

第一甲三名

賜進士及第

楊維聰 貫順天府固安縣官籍 縣學生

治詩經字達甫 行十年二十二月初八日生

曾祖榮 祖名 父和 右長 前母劉氏 [illegible]氏 母張氏

慈侍下 兄[illegible]維傑 弟維誠 娶王氏

順天府鄉試第一名 會試第十名

陸鈛

貫浙江寧波府鄞縣軍籍　府學生

治易經字舉之行六十一年二十七七月二十五日生

曾祖琇　祖琓 贈監察御史　父倘 按察司副使 封中憲大夫　母楊氏 封恭人

具慶下　兄鎬 鉞 登 [illegible] 鋐 鉌 鈳 [illegible] 鐶 銓 [illegible]　娶王氏

浙江鄉試第六名　會試第五十五名

費懋中

貫江西廣信府鉛山縣民籍　國子生

治書經字民正行一年二十七十二月初六日生

曾祖應麟 [illegible]　祖珣　父憲　母張氏

慈侍 [illegible] 繼賢 [illegible]　娶[illegible]氏

江西鄉試第十七名　會試第一百十五名

第二甲一百十名

賜進士出身

廖道南 貫湖廣武昌府蒲圻縣民籍 國子生

治詩經字鳴吾行二年二十八十月十四日生

曾祖翊 祖俊州學正 父漢户部主事 母汪氏

具慶下 兄[illegible] 弟雄南 [illegible]南 異南 [illegible] 宜南 娶汪氏

湖廣鄉試第六十名 會試第二名

江汝璧　貫江西廣信府貴溪縣軍籍　國子生
治書經字懋穀行二年二十六十二月九日生
曾祖惠清　祖智　父玹　母洪氏　繼母劉氏　胡氏
重慶下　兄湖　弟球　娶詹氏
江西鄉試第八十一名　會試第六十七名
詹洋　貫江西廣信府玉山縣民籍　國子生
治書經字文化行六十四年三十二八月二十四日生
曾祖子和　祖信　州判　父鑾　母李氏
重慶下　娶繆氏
江西鄉試第二十一名　會試第八名

王積　貫直隸太倉衛軍籍儀真縣人　州學生
治易經字子崇行一年二十二三月二十日生
曾祖海　祖原　父成　母蕭氏
具慶下　弟和　穆　种　科　秩　娶韋氏　繼娶陳氏
應天府鄉試第一百四名　會試第二百七名

沈漢　貫直隸蘇州府吳江縣軍籍　國子生
治書經字宗海行一年四十二正月二十五日生
曾祖敬　祖寬　父奎　母嚴氏
慈侍下　兄汝　弟淮　濟　濤　沾　娶徐氏　繼娶俞氏
應天府鄉試第二十七名　會試第一百二十八名

鄭一鵬

貫福建興化府莆田縣民籍　國子生

治春秋字九萬行二年二十六正月初二日生

曾祖興宗 教諭　祖遜義 教諭　父麒　母李氏

重慶下　兄琛 瀫 光琬 監察御史 一鶚　弟一鵑 一鶴 一鷳　娶林氏

福建鄉試第四十四名　會試第五十二名

陳騰鸞

貫福建興化府莆田縣竈籍　國子生

治書經字士遠行[illegible]年四十二二月十四日生

曾祖克讓　祖[illegible]作　父允迪　母方氏

永感下　兄鎰 鋌 嚴 錦 [illegible] 數 [illegible]　娶鄭氏　繼娶許氏

福建鄉試第七名　會試第二十一名

史梧

貫福建興化府莆田縣民籍　國子生

習書經字文材行一年三十正月初六日生

曾祖萬通　祖欽贈國子敎　父濱任　母鄭氏

具慶下　弟權　桂　栗　樟　娶陳氏

福建鄉試第二十二名　會試第四十九名

童承叙

貫湖廣沔陽州軍籍　州學生

治詩經字士疇行三年二十七八月十四日生

曾祖瓛　祖劉封知州　父旭知府加從三品俸　母呂氏贈安人　繼母張氏封安人

重慶下　弟承芳　承勳　承爵　娶沈氏

湖廣鄉試第一名　會試第六十五名

朱藻

貫四川瀘州軍籍　國子生

治禮記字以薦行三年二十九八月初九日生

曾祖自明壽官　祖璳　父子賢　母何氏

重慶下　兄英 菲　弟芮 芺 蕃 賁 芊 萼　娶宋氏

四川鄉試第十一名　會試第二百十八名

黃佐

貫廣東廣州府香山縣軍籍　國子生

治詩經字才伯行一年三十二十一月十七日生

曾祖泗　祖瑜知縣　父璣　母陳氏

慈侍下　娶李氏

廣東鄉試第一名　會試第十六名

趙廷瑞　貫直隸大名府開州民籍　國子生

治書經字信臣行一年三十八月初六日生

曾祖謙　祖鵬　父晟　母張氏

重慶下　弟廷璋　廷瓚　娶孫氏

順天府鄉試第八十六名　會試第一百十二名

黃大經　貫福建興化府莆田縣民籍　國子生

治書經字道卿行一年二十七正月十三日生

曾祖譽布政司左參政追贈太中大夫資治少尹　祖臯季編脩　父清　母方氏

重慶下　弟大綸大綱大績大績大維大紹大緄大緒大纓　娶方氏

福建鄉試第六十一名　會試第三百十八名

張羽

貫陝西西安府華州渭南縣民籍　縣學生

治春秋字子翀行六年三十三十一月初九日生

曾祖文禮　祖昇　父敏　母程氏　繼母程氏

具慶下　兄善　璉　慶　璠　緒　娶王氏

陝西鄉試第十二名　會試第一百六十四名

張達

貫浙江紹興府餘姚縣官籍　國子生

治易經字懋登行四年二十九七月十一日生

曾祖韓　祖偉贈刑部主事　父璘刑部員外郎　母韓氏封宜人

具慶下　兄遷　達　弟迪　道　遜　逵　建　娶胡氏

浙江鄉試第二十二名　會試第六十二名

劉臯 貫湖廣安陸衛軍籍 國子生

治詩經字憲甫行五年三十十一月初二日生

曾祖讓 贈資政大夫南京都察院右都御史 祖琛 封[illegible]大夫[illegible]贈資政大夫南京都察院右都御史 父[illegible]資政大夫南京[illegible]都察院[illegible]御史贈刑部尚書 母[illegible]

慈侍下 兄案 槩 行人贈監察御史 槩 進士 渠 同科 進士 娶王氏

湖廣鄉試第十八名 會試第一百十六名

張鳳來 貫直隸蘇州府常熟縣軍籍 縣學生

治詩經字于廷行一年四十一十二月初八日生

曾祖洵 祖珙 壽官 父綸 母趙氏

[illegible]下 弟鳳儀 鳳[illegible] 鳳[illegible] 鳳[illegible] 鳳陽 鳳至 娶[illegible]氏

應天府鄉試第四名 會試第一百二十七名

朱衣

貫湖廣[illegible]衛右所軍籍　國子生

治書經字子宜行一年三十五十一月初三日生

曾祖華　祖禧副千戶　父鳳副千戶　母黃氏封宜人

重慶下　弟袞　袞　表　褒　娶韓氏

湖廣鄉試第二十八名　會試第一百二十七名

鄭騮

貫浙江衢州府江山縣民籍　國子生

治易經字德夫行四年三十四八月初六日生

曾祖勝　祖徽　父儀　母金氏

具慶下　兄驊　墉　富　弟秋　墳　駁　騂　娶周氏

浙江鄉試第七十五名　會試第二百四十五名

杜桐

貫河南開封府許州臨潁縣民籍 國子生

治詩經字子陽行二年二十八六月十六日生

曾祖猷 祖文贈徵仕郎 父進監生 母姚氏

重慶下 兄柟同科進士 弟楠 栴 娶李氏

河南鄉試第七名 會試第六十二名

方縉

貫江西廣信府貴溪縣民籍 國子生

治書經字時彥行八十八年四十二五月初六日生

曾祖克經 祖顒 父惠 母易氏 繼母陳氏

具慶下 兄昌 奉 季 淳 朝 疇 娶梁氏

江西鄉試第八名 會試第八十一名

富好禮　貫直隸松江府華亭縣軍籍　國子生

治詩經字子起行一年三十六九月初十日生

曾祖禎　祖[illegible]　父洪　母丁氏

具慶下　娶張氏

應天府鄉試第九十六名　會試第一百四十二名

王相　貫浙江寧波府鄞縣民籍　國子生

治易經字懋賢行三十三年三十四三月十四日生

曾祖瑩　祖偉　父瀚　母高氏

具慶下　弟彬　娶劉氏

浙江鄉試第二十七名　會試第四十二名

鄭登高 貫福建興化府莆田縣軍籍 縣學附學生

治書經字曰進行三年三十十一月十五日生

曾祖德載 祖儀 封南京刑部主事 父琛 母劉氏

永感下 兄登庸 登泰 娶曾氏

福建鄉試第五十二名 會試第二百三十二名

徐嵩 貫直隸揚州府泰州軍籍 國子生

治詩經字中望行一年三十九十二月十一日生

曾祖演 祖達 贈知縣 父蕃 順天府府尹 母張氏 封淑人

具慶下 弟岱 娶錢氏 繼娶高氏

應天府鄉試第十六名 會試第二百四十七名

陳璜　貫江西饒州府鄱陽縣軍籍　國子生

治詩經字佩之行一年四十二月二十九日生

曾祖必達縣丞　祖志昂　父浩　母王氏

慈侍下　弟璟　琥　琮　娶鄭氏

江西鄉試第四十八名　會試第二百六十五名

安璽　貫龍驤衛官籍順天府宛平縣人　儒士

治詩經字君信行一年二十九四月十一日生

曾祖全百戶　祖讓百戶　父泰百戶　母鄧氏封安人

具慶下　弟璧　娶周氏

順天府鄉試第六名　會試第四十一名

胡森　貫浙江金華府湯溪縣民籍　國子生

治詩經字秀夫行十七年二十九八月二十二日生

曾祖周　祖鑑　父漢　母王氏

具慶下　弟樟　櫞　桓　娶豐氏

浙江鄉試第七十二名　會試第七十二名

馮轍　貫四川眉州青神縣民籍　國子生

治詩經字時憲行三年四十五十一月初七日生

曾祖子敬　祖郁壽官　父志高致仕教授　母蔣氏

具慶下　兄輕　轄　秀　軾　娶程氏

四川鄉試第六十四名　會試第二百十二名

洪珠　貫福建興化府莆田縣民籍　國子生

治詩經字玉方行四年三十八二月十九日生

曾祖彥用　祖克訓　父仲謹義官　母吳氏

永感下　兄脩　璘　弟琨　琨　琡　理　璘　娶余氏

福建鄉試第十一名　會試第五十七名

黃一道　貫廣東潮州府揭陽縣民籍　國子生

治書經字唯夫行一年二十八正月十二日生

曾祖森　祖鑑　父熙[illegible]　母王氏

嚴侍下　弟一德　娶陳氏

廣東鄉試第五十四名　會試第三百十二名

杜柟 貫河南開封府睢州民籍 國子生

治詩經字子壽行一年二十三六月初一日生

曾祖獻 祖文（登仕佐郎） 父進（監生） 母姚氏

重慶下 弟桐（同科進士） 鶴 楨 娶谷氏

河南鄉試第八名 會試第二百六十三名

吳廷翰 貫直隸廬州府無為州民籍 州學生

治禮記字崧伯行二年三十一九月初九日生

曾祖循 祖信（封） 父景昭（官） 母張氏 繼母劉氏 張氏

具慶下 娶[illegible]氏

應天府鄉試第五名 會試第二百四十九名

胡昭
貫直隸真州中屯衛軍籍浙江金華縣人 國子生
治易經字原明行五年四十二五月十六日生
曾祖聞仝 祖昌言 父新 母[illegible]氏
承蔭下 兄暐 封南京刑部主事 弟昂 弟昇 娶[illegible]氏
順天府鄉試第八名 會試第九十九名
李漸
貫江西南昌府豐城縣軍籍南昌縣人 國子生
治詩經字邦泰行三年四十二十二月二十九日生
曾祖世斌 祖孟理 封寺正 父鏞 左寺正 前母朱氏 贈安人 母熊氏 封安人
永感下 兄陝 琳 娶舒氏
江西鄉試第九十四名 會試第五十九名

侯廷訓 貫浙江溫州府樂清縣民籍 國子生
治詩經 字孟興 行七 年二十八 八月初二日生
曾祖揩 祖仁 父敬 從仕郎 州判官 母陳氏
慈侍下 兄廷綱 廷繼 弟廷試 廷誠 貢士 廷論 廷言 娶陳氏
浙江鄉試第十名 會試第一百五十八名 國子生

龔亨 貫江西臨江府清江縣民籍
治書經 字有嘉 行一 年三十二 十二月初九日生
曾祖大有 祖從臣 父度 母蕭氏
重慶下 弟有元 高 衎 娶黃氏
江西鄉試第三十五名 會試第一百二名

瞿祥　貫直隸蘇州府太倉州民籍常熟縣人　國子生

治詩經字治徵行一年三十七九月初一日生

曾祖江　祖[illegible]　父文璟　母龔氏

具慶下　[illegible]　娶[illegible]氏

應天府鄉試第八十七名　會試第二百九十三名

吳章　貫廣東廣州府南海縣民籍　國子生

治詩經字成甫行一年四十一十二月二十二日生

曾祖志序　祖綾緩　父貴　母譚氏

永感下　弟倫　山　娶岑氏

廣東鄉試第五十九名　會試第二十五名

李坦

貫直隸河間府任丘縣民籍 國子生

治易經字文公行一年三十四四月初六日生

曾祖溥[illegible] 祖敬布政司[illegible] 父時右春坊右諭德兼翰林院侍讀 母張氏封宜人

重慶下 弟圻 娶房氏

順天府鄉試第十三名 會試第二百九十八名

敖英

貫江西臨江府清江縣民籍 國子生

治詩經字子發行六年四十二正月二十二日生

曾祖守貞壽官 祖啓才壽官 父允富 前母[illegible]氏 母張氏

永感下 兄德 弟鉞 娶袁氏

江西鄉試第四十九名 會試第二百四十名

袁城

貫江西南昌府豐城縣軍籍　國子生

治詩經字邦衛行九年三十四十月初十日生

曾祖習文　祖時仁　父欽恆　母徐氏

重慶下　弟璣　詩　瑩　特　芼　娶甘氏

江西鄉試第八十二名　會試第二百二十八名

景溱

貫山西平陽府蒲州軍籍　國子生

治書經字子冊之行五年三十二月二十四日生

曾祖駿　祖章[illegible]　父保[illegible]　前母史氏　母王氏

慈侍下　兄澤義官　瀾　洪　濟監生　娶王氏　繼娶劉氏

山西鄉試第五十九名　會試第六十四名

黃行可　貫福建興化府莆田縣軍籍　國子生

治書經字兆見行一二十七　五月十六日生

曾祖孔誠　祖唐　父文[illegible]　母陳氏

嚴侍下　弟達可　壽可　尚可　遷可　娶林氏

福建鄉試第二十七名　會試第二百九十四名

王世芳　貫直隸蘇州府太倉州軍籍[illegible]　國子生

治易經字[illegible]行一[illegible]三月二十一日生

曾祖[illegible]　祖璠[illegible]　[illegible]氏

[illegible]下　[illegible]世[illegible]　[illegible]氏

應天府鄉試第二十三名　會試第二百五十二名

何棟 貫陝西西安府[illegible]縣軍籍 國子生
治易經字伯直行一年三十二九月初六日生
曾祖義 祖寬 父真 母左氏
具慶下 弟[illegible] 娶李氏
陝西鄉試第二名 會試第二百四十八名

王煒 貫順天府[illegible]民籍 [illegible]
治詩經字[illegible]行[illegible]年二十九七月二十九日生
曾祖建 祖彦[illegible] 父相[illegible] 母李氏
重慶下 兄熠 熙 燦 [illegible] 弟[illegible] 炟 煥 娶侯氏
順天府鄉試第七十四名 會試第九十二名

惲釜
貫直隸常州府武進縣民籍 國子生
治詩經字器之行四年三十八七月十一日生
曾祖繼宗 祖璵 父禧 母陸氏
慈侍下 兄鎡 鎬 鏊 娶龔氏
應天府鄉試第八名 會試第二百八十三名

劉廷龍
貫浙江寧波府慈谿縣民籍 國子生
治春秋字允卿行一百四十三年三十十二月十三日生
曾祖桂按察司副使 祖燠 父穀 母王氏
具慶下 兄世獻 世夔 弟世益 娶鍾氏 繼娶孫氏
浙江鄉試第四十七名 會試第一百三十二名

錢際時 貫順天府通州民籍浙江桐鄉縣人 國子生

治易經字清仲行一年三十四七月二十四日生

曾祖通 祖顯 贈光祿寺署丞 父銘 知州 母李氏 封安人

永感下 娶蔣氏

順天府鄉試第十二名 會試第一百二十二名

杜紹 貫河南開封府扶溝縣軍籍 醫學生

治詩經字述之行一年三十七正月初七日生

曾祖春 祖清 [illegible] 父驥 義官 母劉氏

慈侍下 弟繽 緼 絅 娶張氏 繼娶馬氏

河南鄉試第五十八名 會試第二百一十八名

劉淏　貫湖廣安陸州軍籍　國子生

治詩經字清甫行四年三十七月三十日生

曾祖[illegible]　祖[illegible]　父[illegible]　母[illegible]氏

慈侍下　兄[illegible]　娶鄭氏

湖廣鄉試第三名　會試第一百九十七名

[illegible]　貫四川重慶府[illegible]縣　縣學生

治書經字道興行八年三十三八月初八日生

曾祖志高　祖瓊　父鑒　母許氏

[illegible]下　兄洪烈洪鈞洪彥洪治洪達洪業洪恩　弟洪[illegible]　娶[illegible]氏　繼娶[illegible]氏

四川鄉試第八名　會試第一[illegible]名

高汝行　貫山西大同府大同縣軍籍　縣學生

治易經　字古行　行三年二十八　六月十九日生

曾祖銘　訓導　祖熙　知縣　父用　母楊氏

重慶下　兄汝學　汝言　弟汝敬　汝志　娶侯氏

山西鄉試第二十七名　會試第三百四十六名

葛鵾　貫萬全都司宣府左衛軍籍湖廣羅田縣人　國子生

治詩經　字子中　行二　年三十二　九月十[illegible]日生

曾祖良　祖[illegible]　父盈　義官　母趙氏

具慶下　兄鵾　貢士　弟[illegible]　娶[illegible]氏

順天府鄉試第五十五名　會試第一百三十九名

張治

貫湖廣長沙府茶陵州民籍　州學生

治易經字文邦行三年三十四八月十六日生

曾祖宗廸　祖順通　父伯誠　母譚氏

慈侍下　兄德正　德明　娶劉氏

湖廣鄉試第十二名　會試第一名

高登

貫錦衣衛校籍直隸大名府內黃縣人　國子生

治書經字從善行一年四十二六月二十二日生

曾祖秀和　祖貴　父俊　前母劉氏　母鄭氏

永感下　娶支氏　繼娶吳氏

順天府鄉試第六十三名　會試第五十六名

徐顥

貫浙江杭州府仁和縣民籍 國子生

治春秋字子淳行一年二十七八月十七日生

曾祖克敬 祖誠 父聰七品散官 母潘氏

具慶下 弟頤 頫 頡 娶郭氏

浙江鄉試第三十名 會試第二百五十五名

李嶽鍾

貫山西汾州民籍 州學生

治書經字天毓行一年三十三八月二十日生

曾祖文貴 祖材 父廷輔 母馮氏

具慶下 弟萬鍾 娶辛氏

山西鄉試第四名 會試第二百八十二名

徐日忠 貫江西南昌府進賢縣民籍 國子生

治詩經字公輔行四年四十四正月十九日生

曾祖德純 祖世光聽選官 父祥貞 母舒氏

永感下 兄曰僬 弟曰榮 曰靜 曰僾 娶張氏

江西鄉試第三十五名 會試第四十五名

朱應昌 貫順天府大興縣匠籍浙江錢塘縣人 順天府學附學生

治詩經字時濟行一年三十七月二十五日生

曾祖[illegible] 祖亮 父璽 母胡氏

嚴侍下 娶葛氏

順天府鄉試第七十六名 會試第一百五十三名

丘茂中　貫福建興化府莆田縣軍籍　國子生
治詩經字子時行二年三十七三月初八日生
曾祖文璣監丞御史　祖山擢參副使　父守洪　母陳氏
具慶下　兄茂機 茂模 一元 茂第 茂義 官　弟茂聰 茂槐 茂植　娶林氏
福建鄉試第三十一名　會試第二百五十六名

林盈　貫福建興化府莆田縣民籍　國子生
治詩經字民悅行六年四十十二月十四日生
曾祖瑄　祖孟和南京戶部主事　父世槐義官　母黃氏
具慶下　弟豫南京戶部主事　咸　恒　娶吳氏
福建鄉試第五十二名　會試第一百五十六名

吳縉 貫陝西鳳翔府鳳翔縣民籍 國子生

治詩經字雲卿行一年三十四八月初七日生

曾祖泰 祖傑 父徽 母呂氏 繼母岳氏

具慶下 弟紳 綽 綳 娶張氏

陝西鄉試第一名 會試第二百十四名

蕭晚 貫江西吉安府永豐縣民籍 國子生

治易經字啓日行八年二十八正月三十日生

曾祖海 祖世禎 父廷通 母宋氏

永感下 兄啓泰 娶楊氏

江西鄉試第四十七名 會試第二百二十名

王錫 貫直隸興州左屯衛官籍浙江會稽縣人 府學增廣生

治詩經字惟貞行五年二十九九月二十日生

曾祖忠（贈[illegible]） 祖鑑（贈[illegible]） 父玉（[illegible]） 母邢氏（封太[illegible]人）

具慶下 兄桐 楠 弟棟 橍 栱 梲 娶呂氏

順天府鄉試第六十名 會試第一百四十四名

張寰 貫直隸蘇州府崑山縣民籍 國子生

治書經字允清行一年三十六十二月十六日生

曾祖用禮（贈刑部郎中） 祖鎮 父愈（知州加從四品俸 任通議大夫） 母徐氏

具慶下 兄宗 弟官 娶王氏

應天府鄉試第八十八名 會試第二百八十二名

米紈　貫直隸蘇州府長洲縣匠籍　府學附學生

治易經字子紈行丁丑年十八九月初一日生

曾祖振　祖泰　父昂　母劉氏　生母施氏

慈侍下　兄衣　絨　綬　紘　弟紳　紱　娶徐氏

應天府鄉試第九十三名　會試第五十名

張承恩　貫直隸保定府[illegible]州民籍　國子生

治詩經字[illegible]行一年二十六十二月初四日生

曾祖政　祖昇　父山　母王氏

具慶下　弟承惠　娶[illegible]氏　[illegible]娶王氏

順天府鄉試第九十六名　會試第二百六十九名

陳賞 貫浙江紹興府諸暨縣民籍 國子生

治詩經字[illegible]行十年四十一九月二十日生

曾祖[illegible] 祖[illegible] 父元魁 母駱氏

具慶下 兄裳 弟堂 娶鄭氏 繼娶吳氏 馬氏

浙江鄉試第二十七名 會試第二百四十二名

邵煒 貫浙江紹興府餘姚縣民籍 縣學生

治禮記字惠明行六年三十三十月二十四日生

曾祖偉 祖有信 父震 母胡氏

具慶下 兄煥 弟熠 [illegible] 娶[illegible]氏

浙江鄉試第十名 會試第二百四名

張衮

貫直隸常州府江陰縣民籍 國子生

治書經字補之行一年三十五六月二十八日生

曾祖汝文 祖僎 父詰諷 前母湯氏 母胡氏

慈侍下 弟玄 衣 立 娶曹氏

應天府鄉試第九十八名 會試第二百九十三名

張璁

貫浙江温州府永嘉縣軍竈籍 國子生

治詩經字秉用行九年四十七十月二十日生

曾祖轉實 祖敏 父昇 前母高氏 陳氏 母謝氏

永感下 兄瑞 玘 璟 珂 珊 珮 瑚 瑛 琥 珏 璞 娶蔡氏

浙江鄉試第七十八名 會試第九十六名

李春 貫江西袁州府宜春縣民籍 國子生

治詩經字汝蘭行一年二十七三月初五日生

曾祖志學 祖煥壽官 父振 母張氏

具慶下 弟秀 馥 馨 鎬 娶袁氏

江西鄉試第六十五名 會試第二百一名

查應兆 貫直隸蘇州府長洲縣官籍休寧縣人 國子生

治易經字孟徵行二年三十六六月二十日生

曾祖永祥贈府通判 祖文贈同知 父甸 母陳氏 繼母姚氏

慈侍下 兄應辰[illegible] [illegible]應奇承事郎 弟應秀 娶毛氏

應天府鄉試第四十六名 會試第一百九十名

李録 貫山東濟南府臨邑縣軍籍 國子生
治詩經字貫卿行二年三十四十一月初五日生
曾祖恪 祖[illegible] 父璋 母毛氏
具慶下 兄鑑[illegible] 弟銓 鈍 娶王氏
山東鄉試第四十六名 會試第一百七十五名

潘鎰 貫直隸徽州府婺源縣民籍 縣學生
治易經字希平行十五年三十三十月初九日生
曾祖友同 祖舜英 父銖 母張氏 繼母江氏
具慶下 兄[illegible] 弟欽 鏻 娶程氏
應天府鄉試第八十七名 會試第一百八十五名

邵經邦　貫浙江杭州府仁和縣民籍　國子生
治[illegible]經字仲德行一年三十二月十四日生
曾祖信　祖宗　父鉞　母楊氏
具慶下　弟經綸　經世　經正　經極　經訓　娶李氏
浙江鄉試第二十六名　會試第二十八名

張羽　貫直隸蘇州府崑山縣竈籍　縣學附學生
治易經字子儀行一年二十九十二月二十二日生
曾祖永衍　祖[illegible]　父欽　母王氏
慈侍下　娶顧氏
應天府鄉試第五十八名　會試第三百九名

謝霖　貫直隸徽州府祁門縣民籍　縣學生

治春秋　字世澤　行六　年四十二　六月初三日生

曾祖功績　祖汝隆　父璐　前母方氏　母周氏

永感下　兄賓祿泰福　弟寧祐禮禧選　娶周氏　繼娶黃氏　李氏

應天府鄉試第八十五名　會試第二百七十名

王大化　貫直隸揚州府儀真縣民籍　國子生

治書經　字文成　行一　年三十四　八月初九日生

曾祖纖　祖漣　父睿知縣　母柳氏　繼母金氏

具慶下　弟大修　大任　大作　娶陳氏

應天府鄉試第一名　會試第四十名

王道 貫山東臨清衛官籍江西鄱陽縣人 國子生

治書經字伯行行一年三十八五月二十一日生

曾祖詠 指揮僉事 祖鐸 指揮僉事 父廉 指揮僉事 母呂氏 封恭人

慈侍下 弟遜 進 選 迪 遂 娶馮氏 繼娶厲氏

山東鄉試第五十八名 會試第十九名

司馬相 貫浙江紹興府會稽縣儒籍 縣學生

治詩經字邦材行一年三十一七月二十四日生

曾祖敬 祖墻 父公轍 母張氏 繼母謝氏

慈侍下 弟木 林 本 楫 檣 娶邊氏

浙江鄉試第五十四名 會試第七十名

劉仕

貫陝西延安府鄜州中部縣軍籍 縣學生

治詩經字以學行一年二十一十一月二十九日生

曾祖準 祖景[illegible] 父瑋[illegible] 母張氏 繼母李氏

具慶下 弟价 倬 儒 娶宋氏

陝西鄉試第二名 會試第一百十三名

劉可

貫河南汝寧府信陽州羅山縣軍籍 國子生

治春秋字以中行五年三十七十二月二十八日生

曾祖聾 祖源壽官 父彝訓導 母趙氏

永感下 兄崇仁 崇智 崇爵 立 娶胡氏

河南鄉試第二十四名 會試第二百四十二名

王同祖

貫直隸蘇州府崑山縣民籍　縣學生

治易經字繩武行一年二十五九月十七日生

曾祖復監察御史　祖日敏訓導　父銀承事郎　母吳氏

慈侍下　兄播　楠　栻　掏　穗　把　棟　弟梓　楫　娶方氏

應天府鄉試第六十四名　會試第二百二十名

吳瀚

貫河南河南衛軍籍直隸吳縣人　國子生

治易經字安夫行一年三十六六月二十八日生

曾祖成　祖興　父全　前母劉氏　母李氏

永感下　弟灝明州[illegible]　洄　瀾　娶王氏

河南鄉試第三名　會試第一百九十二名

張緯 貫陝西西安府咸陽縣軍籍 國子生

治書經字文之行四年四十十一月二十三日生

曾祖憲 祖讓 父斌縣丞 母王氏

永感下 兄經 綸 縉 娶趙氏 繼娶史氏

陝西鄉試第三十六名 會試第九十七名

孟易 貫山東臨清衛旗籍山西蒲州人 國子生

治易經字希周行一年三十五正月二十六日生

曾祖顒 祖英訓導 父進知縣 母黃氏

具慶下 兄春 弟詩 書 禮 娶郁氏

山東鄉試第二十名 會試第三百五名

郗元洪 貫山西太原府平定州民籍 州學附學生

治書經字文範行二年二十九四月二十九日生

曾祖信 縣學 祖珙 知州 父夔 給事中 母王氏

慈侍下 兄元深 知州 弟元清 典膳 元澈 娶王氏 繼聘陳氏

山西鄉試第五十九名 會試第三百十五名

汪堅 貫直隸寧國府旌德縣民籍 國子生

治詩經字子固行一年三十六九月二十六日生

曾祖良用 祖和 父休 母舒氏

重慶下 弟天榮 增榮 佳榮 韶榮 娶郭氏

應天府鄉試第二十六名 會試第一百八名

李佶

貫四川成都府[illegible]陝西岐山縣人　國子生

治詩經字[illegible]行[illegible]年三十三五月十八日生

曾祖敬　祖春[illegible]　父顯[illegible]　母張氏

具慶下　兄規　準　佳　仁　倫　娶何氏

四川鄉試第六十名　會試第七名

倫以諒

貫廣東廣州府南海縣民籍　儒士

治易經字彥周行一年二十八十月初七日生

曾祖敬　祖明[illegible]　父文叙[illegible]　母區氏封安人

慈侍下　弟以訓[illegible]以諒[illegible]　娶何氏

[illegible]試第一名　會試第一百九十五名

於敖

貫陝西岷州衛軍籍直隸亳州人　州學生

治書經字伯度行一年三十三十二月二十三日生

曾祖全　祖居仁　父錦　母王氏

具慶下　弟衡　教　徽　娶吳氏

陝西鄉試第二十三名　會試第二百六十六名

黃表

貫湖廣武昌府咸寧縣民籍　國子生

治書經字汝明行三年四十正月十九日生

曾祖達穎　祖秩 封判官　父璣 判官　母徐氏

嚴侍下　弟豫　劉　義　展　衷　娶王氏

湖廣鄉試第三十六名　會試第二百七十五名

蔣洋　貫浙江台州府僊居縣民籍　國子生

治詩經字良化行二年三十七六月十九日生

曾祖伯通　祖舜英　父祿知縣　前母麻氏　母葉氏

慈侍下　兄瀅　弟游　娶潘氏

浙江鄉試第九十名　會試第一百九十一名

盧煥　貫河南汝寧府光州光山縣軍籍　縣學附學生

治易經字堯文行一年二十九六月十三日生

曾祖順　祖寧監生　父彝監生　母陳氏

嚴侍下　弟采　焞　娶吳氏

河南鄉試第一名　會試第一百四十名

洪鏘 貫福建興化府莆田縣軍籍 國子生
治書經字鳴雍行四年三十四九月二十四日生
曾祖體進 祖廷和 父貴懷 前母王氏 母張氏
具慶下 兄慶 欽 鉞 弟鑑 錦 鎰 鋭 銓 娶曾氏
福建鄉試第二十三名 會試第八十五名

周鄉 貫湖廣黃州府蘄水縣民籍 國子生
治春秋字光載行一年三十六二月十一日生
曾祖贊義官 祖仕淮義官 父紹吉義官 母李氏
慈侍下 弟濟 珪 来 望 娶郭氏
湖廣鄉試第六十九名 會試第四名

楊撫　貫浙江紹興府餘姚縣竈籍　縣學生
治易經字安世行二十三年三十九三月二十三日生
曾祖脩齡　祖貴　父鑑　母毛氏
永感下　兄拯　抗　播　摽　娶倪氏
浙江鄉試第二名　會試第二十八名

姚正　貫福建興化府莆田縣民籍　國子生
治詩經字在養行十一年二十九十一月初二日生
曾祖奕慶　祖紹鉠　父資玉　嫡母陳氏　生母林氏
慈侍下　兄賢聽選官　良　方　娶鄭氏
福建鄉試第七十八名　會試第九十八名

詹寬

貫福建興化府莆田縣鹽籍　國子生
治書經字仁量行三年三十七七月二十六日生
曾祖孔鎮　祖宗承　父從明　母吳氏
慈侍下　兄恭　娶俞氏
福建鄉試第八十八名　會試第一百名

舒林

貫江西饒州府樂平縣民籍　國子生
治詩經字惟喬行五年三十一十一月二十七日生
曾祖謨監察御史　祖儀　父緣　母汪氏
嚴侍下　兄樓　楩　弟相　樑　朴　娶趙氏
江西鄉試第八十三名　會試第四十八名

王化

貫山東濟南府濱州軍籍　國子生

治書經字子涵行二年三十七二月十七日生

曾祖克端　祖貴　父陝　母侯氏

嚴侍下　兄輔　弟天爵貢士　仕　卿　慶　天壽　耀　娶劉氏

山東鄉試第一名　會試第一百四十八名

初杲

貫湖廣荊州府潛江縣民籍　國子生

治書經字啓昭行二年四十二十二月初四日生

曾祖進忠知縣　祖顒縣主簿　父珍貢士　母袁氏

永感下　兄昇監生　弟旦　娶陳氏

湖廣鄉試第八十五名　會試第三百四十三名

王用賓 貫陝西西安府咸寧縣軍籍 縣學增廣生

治易經字允興行二年二十一正月初十日生

曾祖福 祖繼壽官 父懋行人 母張氏

重慶下 兄用臣 弟用予 用卿 用賢 用相 娶盧氏

陝西鄉試第五十五名 會試第二百二十七名

第三甲二百十七名

賜同進士出身

貫雲南大理衛軍籍直隸吳縣人 國子生

朱珮 治詩經字鳴朗行五年二十九十一月二十八日生

曾祖光遠 祖昌 父富 議 母錢氏

永感下 兄瑋 瓘 環 貢士 珂 弟瓚 娶楊氏

雲南鄉試第十八名 會試第五十四名

劉喬　貫江西吉安府泰和縣民籍　國子生

治書經字子遷行四年三十五十二月十九日生

曾祖一原　祖本經　父廣容　母曾氏

慈侍下　兄僎　伯儒　弟儲　俸　脩　仕　娶嚴氏

江西鄉試第六十名　會試第二百八十六名

魏珽　貫羽林前衛官籍直隸廬州府合肥縣人　國子生

治易經字直甫行三年三十二月初一日生

曾祖仁　祖泰　父洹贈奉直大夫鴻臚寺左少卿　母金氏封太宜人

慈侍下　兄璟鴻臚寺卿　珣　娶彭氏　繼娶高氏

順天府鄉試第一百十二名　會試第三十七名

鍾潛

貫浙江寧波府慈谿縣民籍 國子生
治易經字孔昭行三年五十九二月十一日生
曾祖觀 祖恪 父霈 母陳氏
永感下 兄洪 沈 娶毛氏
浙江鄉試第六十二名 會試第九十五名

邵煉

貫浙江紹興府餘姚縣軍籍 縣學增廣生
治禮記字惠甫行二年三十五十二月初四日生
曾祖偉 祖有容 父蒙七品散官 母沈氏
具慶下 兄燦 弟燁同科進士 熠南京光祿寺監事 煥 炤 烈 耿 爚 炯 煬 燧 熺 娶陳氏
浙江鄉試第四十九名 會試第二百六十名

梁世驃 貫廣東廣州府順德縣民籍 府學生

治詩經字應房行一年三十二月二十日生

曾祖道祐 祖信 父韶 母區氏 繼母何氏

慈侍下 兄世龍貢士 弟世駿 娶張氏

廣東鄉試第七十一名 會試第七百五十一名

王汝賓 貫江西九江府德化縣民籍 國子生

治詩經字尚賢行一年四十一二月十七日生

曾祖霖 祖城 父欽 母鄭氏

具慶下 弟汝臣 汝漸 娶劉氏

江西鄉試第五十八名 會試第二百二十一名

史立模
貫浙江紹興府餘姚縣民籍　國子生
治禮記字季弘行十七年三十九十月二十二日生
曾祖必通　祖國用　父本端　母吳氏
重慶下　弟立楫　立楨　娶蘇氏
浙江鄉試第十四名　會試第一百三十八名

杜璲
貫陝西西安府涇陽縣軍籍　國子生
治春秋字汝鳴行二年二十八十月二十五日生
曾祖林　祖瀾　父貫　母楊氏　繼母鄒氏
具慶下　兄瑢　弟玥　娶李氏
陝西鄉試第四十七名　會試第一百九十六名

王沐

貫浙江台州府臨海縣民籍 國子生

治詩經字崇敎行五年三十七五月二十日生

曾祖周南 祖宣 父鎮知縣 母顏氏

永感下 兄泌 溥 濬 滙 汴 汲 淑 娶侯氏

浙江鄉試第八十四名 會試第十二名

楊旦

貫河南開封府許州郾城縣軍籍 國子生

治易經字晉東行一年三十四五月十六日生

曾祖旺 祖旻 父璘通判 母郭氏

重慶下 弟昂 娶許氏

河南鄉試第二十五名 會試第二百七十一名

柴儒　貫陝西漢中府白河縣軍籍西安前衛人　國子生

治詩經字仲貞行二年三十五十月十三日生

曾祖貴　祖玉　父澄贈主簿　母曾氏　繼母李氏

具慶下　兄仁　弟佐　娶謝氏　繼娶蕭氏

陝西鄉試第五十八名　會試第一百六十一名

宋孔陽　貫直隸河間府河間縣民籍　府學生

治詩經字公裳行一年四十二七月二十六日生

曾祖伯剛　祖明　父鳳訓導　母王氏　繼母李氏

具慶下　弟孔章　孔文　娶鄭氏

順天府鄉試第一百三十名　會試第三百三十二名

解一貫

貫山西太原府交城縣軍籍　國子生

治易經字曾唯行五年三十五十二月初六日生

曾祖子祥　祖理[illegible]　父康[illegible]　母孫氏

永感下　兄顯宗　顯庸　經[illegible]　中[illegible]　娶閻氏

山西鄉試第一名　會試第二百十名

王密

貫直隷順德府唐山縣民籍　國子生

治詩經字君德行西年三十五十二月二十九日生

曾祖聚　祖源　父鎮　母張氏

具慶下　兄[illegible]　娶趙氏

順天府鄉試第一百十七名　會試第三百一名

陳講　貫四川潼川州遂寧縣民籍　國子生

治詩經字子學行一年三十五正月二十九日生

曾祖本乾　祖萬鍾　父表　母熊氏

重慶下　弟詠　議　試　諭　誼　娶席氏

四川鄉試第一名　會試第九十三名

高世魁　貫福建福州府閩縣民籍　國子生

治易經字紹甫行八年三十二十月十六日生

曾祖明　祖圭知州　父孔直　前母林氏　母林氏

慈侍下　兄應禎同知進士　應隆　弟宗仁　宗望　宗岳　娶宗氏

福建鄉試第十七名　會試第九十名

鄒瓚　貫錦衣衛中後所籍浙江餘杭縣人　國子生

治詩經字獻卿行一年二十七八月三十日生

曾祖幹太子少保禮部尚書　祖駿　父峻　母蘇氏

具慶下　弟璋　娶陳氏

順天府鄉試第十名　會試第四十七名

李鳳來　貫順天府大興縣匠籍直隸桐城縣人　國子生

治書經字穆儀行一年三十五正月初七日生

曾祖儼監察御史　祖浩　父璽　母唐氏

慈侍下　兄鳳暐　弟鳳鳴　鳳翔　鳳翱　鳳翀　娶黃氏　繼娶傅氏

順天府鄉試第三十九名　會試第九十七名

李章 貫四川重慶府長壽縣民籍 國子生
治書經字民俊行八年四十三七月二十八日生
曾祖必文 祖華 父岳 母楊氏
永感下 兄琇 琦 國 固 戚 娶簡氏 繼娶楊氏
四川鄉試第七十七名 會試第一百七十四名

林介 貫福建興化府莆田縣軍籍 國子生
治書經字于石行四年四十二月二十三日生
曾祖樵村 祖陶八 父宗遠 嫡母陳氏 陳氏 生母鄭氏
慈侍下 兄珠 默 勳 弟景 娶柯氏 繼娶黃氏
福建鄉試第四十名 會試第二百三十七名

浦瑾
貫直隸常州府無錫縣軍籍 國子生
治書經字文石行四年三十五六月二十九日生
曾祖 祖瑛 父森 母周氏
永感下 兄瑜 瑞 琮 弟璩 娶黃氏
應天府鄉試第三十名 會試第二十三名

吳鯨
貫大寧都司保定右衛官籍順天府三河縣人 監生
治詩經字[illegible]化行一年二十七三月初四日生
曾祖把孫 祖珍 父昇 母李氏 封孺人
慈侍下 兄春 弟鵬 [illegible] 娶張氏
順天府鄉試第九名 會試第二百四十四名

佟應龍　貫遼東都司定遼[illegible]衛[illegible]籍[illegible]陽縣人　國子生

治書經　字司言　行三　年四十六月二十三日生

曾祖壽　祖清 贈知縣　父文珍 布政司右參政　母周氏 封宜人

永感下　兄俊 應章 儀 信 [illegible]　弟賢　娶吳氏

山東鄉試第二十二名　會試第二百名

徐孚貢　貫大寧中衛[illegible]籍[illegible]府[illegible]縣人　國子生

治禮記　字[illegible]　行二　年二十八　九月十四日生

曾祖文[illegible]　祖寅　父[illegible]　母張氏

重慶下　兄孚中 孚龍 [illegible]　弟[illegible] 孚義　娶[illegible]氏

[illegible]府鄉試第五十八名　會試第九十二名

丘養浩　貫福建泉州府晉江縣軍籍　國子生
治易經字以義行二年三十六六月初九日生
曾祖重詩　祖山　父璇　母蘇氏
具慶下　兄養潛　弟養澄　娶黃氏
福建鄉試第八名　會試第七十四名
劉序　貫陝西西安府長安縣民籍　國子生
治易經字元積行四年二十六九月二十四日生
曾祖得中　祖謙　父暲　母李氏
慈侍下　兄廣　慶　唐　娶姚氏
陝西鄉試第一名　會試第二十四名

潘潢 貫直隸徽州府婺源縣民籍 府學生
治書經字□□行九年二十六 十月十一日生
曾祖烱 資□贈□ 祖珏 徵仕郎□司僉事贈□□大夫 父銑 母胡氏
重慶下 兄濟 滋 弟沐 娶方氏
應天府鄉試第一名 會試第一百十名

趙葉 貫浙江金華府東陽縣民籍 國子生
治詩經字子□行十□年二十九 十一月二十一日生
曾祖光潤 祖大鑾 父爲海 前母杜氏 胡氏 母任氏
具慶下 兄枝 弟榮 乘 娶陳氏
浙江鄉試第五十名 會試第一百七十八名

姚激

貫四川成都府崇寧縣民籍江西新淦縣人　國子生

治易經字維清行二年三十八正月十三日生

曾祖熹　祖通　父經　母鄒氏

慈侍下　兄溥　弟漢　澗　沈　瀲　娶江氏

順天府鄉試第四十五名　會試第二百八十八名

王科

貫河南彰德府磁州滏陽縣民籍　縣學生

治詩經字進卿行一年三十三六月十六日生

曾祖源　祖禮典史贈錦衣衛百戶　父瀚錦衣衛百戶　母劉氏封安人

慈侍下　兄和 [illegible]　娶傅氏

河南鄉試第十九名　會試第五十一名

楊彝　貫四川重慶府江津縣民籍　縣學生

治詩經字宗敘行一年三十一四月十一日生

曾祖子垕　祖銓[illegible]　父濬之[illegible]　母郭氏

具慶下　弟朴[illegible]　科　潘　楷　娶王氏

四川鄉試第十七名　會試第一百四十九名

林鉞　貫福建福州府閩縣民籍　府學生

治書經字克相行九年三十九三月初三日生

曾祖孫　[illegible]部　[illegible]部　父塗貢士　母李氏

嚴侍下　弟錯　克運　鋼　錫　國鏞　娶謝氏

[illegible]鄉試第[illegible]名　會試第一百五十四名

趙章　貫四川重慶府合州民籍　州學生
治易經字達卿行十二年三十四二月二十二日生
曾祖雍　祖友禮　父易　母劉氏
慈侍下　兄文　娶徐氏　繼娶羅氏
四川鄉試第十三名　會試第一百五十五名

吳撽　貫直隸安慶府桐城縣民籍　縣學生
治書經字用宣行二年三十一七月初十日生
曾祖子禮　祖志善　父佐　母東氏
慈侍下　兄稍　弟楫　娶陸氏
應天府鄉試第八十九名　會試第二百五十名

胡仲謨

貫湖廣黃州府蘄水縣軍籍　縣學生

治易經字啓忠行二十年三十五十一月初八日生

曾祖昊　祖璃　父溥　母王氏

具慶下　兄仲典　弟仲訓　仲誥　娶李氏　繼娶樂氏　易氏

湖廣鄉試第二十三名　會試第一百六十七名

張寅

貫直隸太倉衛軍籍湖廣江陵縣人　州學生

治易經字仲明行二年二十八十一月二十七日生

曾祖旺　祖洪　父玉　母陳氏

嚴侍下　兄辰　璸　娶趙氏　繼娶朱氏

應天府鄉試第四十三名　會試第二百十五名

嚴志迪

貫湖廣德安府孝感縣軍籍　縣學生

治春秋字子吉行一年二十九七月三十日生

曾祖敏 [illegible]　祖禎 [illegible]　父脩　前母湯氏　熊氏　母陳氏

重慶下　弟志達　志遴　娶丘氏

湖廣鄉試第四名　會試第三百十四名

劉儒道

貫陝西西安府邠州民籍　國子生

治禮記字惟中行二年四十一十二月二十九日生

曾祖璧　祖忠名　父晉　母趙氏

慈侍下　兄儒通　弟儒亦　娶焦氏

陝西鄉試第九十五名　會試第二百八十九名

孫昂

貫山東青州府平度州昌邑縣軍籍　國子生

治書經字一鶴行二年四十三正月初十日生

曾祖祥 封兵部主事贈都察院左副都御史　祖漢 承事郎　父植　母王氏

慈侍下 兄昌 弟晏昺生員昴昇昕暘晃旦暹昊景臯昆　娶劉氏

山東鄉試第四十七名　會試第二百十六名

孫應奎

貫河南河南衛軍籍直隸長洲縣人　府學生

治易經字文宿行一年三十六十二月初十日生

曾祖鼎 汀州府照磨　祖銘　父義　母關氏　繼母李氏

具慶下　娶邵氏

河南鄉試第十一名　會試第一百四十六名

周綜 貫錦衣衛官籍浙江遂昌縣人 國子生

治易經字仲儀行二年三十六二月初七日生

曾祖得安 祖讓贈百戶 父澄 母閔氏

永感下 兄綬繹 弟紘 娶沈氏 繼娶趙氏

順天府鄉試第八十五名 會試第一百五十九名

湯蚀 貫四川潼川州醫籍 國子生

治易經字仲卿行十二年三十八十二月十八日生

曾祖父重 祖子榮 父海科教 母王氏

慈侍下 兄洎甫 濟良 濟經 濟生戶 娶高氏

四川鄉試第六十一名 會試第二百七十三名

岑雲鳳 貫浙江湖州府烏程縣民籍 國子生
治詩經字瑞卿行一年四十正月十五日生
曾祖珍 祖孟寧 父仁溥 母楊氏 繼母張氏
具慶下 弟霆 娶袁氏
浙江鄉試第二十八名 會試第二十名

林成 貫福建福州右衛軍籍侯官縣人 國子生
治易經字世玉行五年三十五月初九日生
曾祖福 祖貴 父安 母黃氏
慈侍下 兄鋐 弟椿 居 娶陳氏 繼娶李氏
福建鄉試第七十九名 會試第二百三十九名

李默 貫福建建寧府甌寧縣民籍 府學生

治易經字時言行二年二十三四月十一日生

曾祖鐵 祖埜 父榯 母魯氏

具慶下 兄俊 伯 竟 瑚 倫 價 勲 弟德 方 傑 然 [illegible] 娶甯氏

福建鄉試第五十七名 會試第二百二十名

吳良輔 貫山東東昌府濮州觀城縣民籍 國子生

治詩經字遂卿行一年四十三十月初七日生

曾祖雲 祖祥 巡檢 父賓 學正 母劉氏

慈侍下 弟良弼 娶趙氏

山東鄉試第四十一名 會試第八十名

姜文　貫江西撫州府臨川縣民籍　國子生
治書經字質夫行一年三十八十二月初四日生
曾祖用明　祖旭　父忠　母張氏
具慶下　弟武　斌　燮　贇　娶安氏　繼娶靳氏
順天府鄉試第一百十四名　會試第十六名

周文燁　貫浙江紹興府山陰縣民籍　府學生
治詩經字宗陽行三十九年三十七月二十七日生
曾祖端耆壽義民　祖海　父楫　母潘氏
具慶下　兄文燦　文爌　文煓　文炤　文燮　文熻　弟文㷆　文聰　選文爵　貢士　文燿　義官　娶何氏
浙江鄉試第三名　會試第二百十七名

胡偉

貫湖廣安陸州京山縣軍籍　國子生

治易經字邦奇行七年四十四十一月十九日生

曾祖添福　祖淵　父思忠主簿　嫡母易氏　生母宋氏

永感下　兄端縣丞　正直義官　英縣主簿　璉　榮　弟巖　娶王氏　繼娶黃氏

湖廣鄉試第十三名　會試第一百三十名

余鋟

貫浙江嚴州府遂安縣民籍　國子生

治春秋字文甫行六年二十四三月二十五日生

曾祖士淵　祖孟謀　父廷奉　母姚氏

具慶下　兄鎳　銳　鎮　鎬　鋼　鑌　鈺　娶王氏

浙江鄉試第六十六名　會試第一百四十七名

葉逢陽　貫福建建寧府松溪縣民籍　縣學生

治易經字子大行九年三十二九月三十日生

曾祖元老　祖惟[illegible]　父宗本　母徐氏　繼母陳氏

永感下　兄逢春　弟逢寅　娶陳氏

福建鄉試第四十七名　會試第三十七名

劉道　貫江西吉安府萬安縣民籍　國子生

治易經字子弘行八年四十六二月二十二日生

曾祖孜哲　祖惟揚　父素行　母朱氏

永感下　兄光華　宗　教　娶徐氏

江西鄉試第三十一名　會試第二百三十四名

高遷

貫直隸揚州府江都縣匠籍　府學生

治易經字升之行二年三十六月十二日生

曾祖友直贈都察院右副都御史　祖觀　父鉞　前母方氏　母楊氏

具慶下　兄瀕　弟洵　澇　娶姜氏

應天府第七十一名　會試第三百七名

焦昇

貫山西大同府朔州馬邑縣軍籍　國子生

治禮記字景和行五年三十七十月二十三日生

曾祖鼎陰陽訓術　祖[illegible]大使　父銓義官　母王氏

具慶下　兄晏[illegible]　昱[illegible]　[illegible]　娶[illegible]氏

山西鄉試第十三名　會試第二百三十二名

楊麒 貫江西廣信府上饒縣軍籍 國子生

治詩經字仁甫行三年四十一四月二十三日生

曾祖景華 祖茂榮 父禧縣丞 前母王氏 母徐氏

慈侍下 弟麟監生 娶徐氏

江西鄉試第四十五名 會試第一百八十七名

姚鳴鸞 貫福建興化府莆田縣民籍 國子生

治詩經字時雍行二年三十五十一月十六日生

曾祖紹鉄 祖濟德 父商 母余氏

具慶下 弟鳴鳳南京太常寺博士 娶董氏

福建鄉試第五十七名 會試第七十八名

王朝用

貫陝西鞏昌府隴西縣民籍　國子生

治春秋字行甫行一年三十一十二月初五日生

曾祖仕遲　祖居讓　父鐵　前母張氏　母張氏

具慶下　弟朝鳳　娶李氏

陝西鄉試第十一名　會試第一百十七名

趙永淳

貫直隸河間府任丘縣軍籍　國子生

治詩經字德厚行一年三十二九月初六日生

曾祖綱　祖璿　父拱辰　母温氏

具慶下　弟永濟　永溥　娶孫氏

順天府鄉試第九十三名　會試第一百八十九名

朱鴻漸　貫直隸蘇州府吳縣民籍　國子生
治易經字子翔行一年三十四五月初五日生
曾祖番　祖鎰　父良宵　前母李氏　母鄒氏
具慶下　弟鵠鵲　虎文　雄霄　娶陸氏
應天府鄉試第七十八名　會試第二百二名
洪萬立　貫四川成都府內江縣民籍　縣學生
治書經字道充行五年二十五八月二十一日生
曾祖時中　祖縉　父向舜　母黃氏　繼母李氏
具慶下　兄萬邦萬興萬選萬石弟萬卷　娶袁氏
四川鄉試第二十二名　會試第二百八名

劉恩　貫直隸保定府高陽縣民籍　國子生

治詩經字以忠行二年二十九四月二十九日生

曾祖信　祖鉞　父景祥　前母金氏　母張氏

具慶下　兄德　弟惠　娶高氏

順天府鄉試第八十一名　會試第二百七十六名

李春芳　貫山西太原府陽曲縣軍籍　國子生

治易經字實夫行一年二十二五月十九日生

曾祖仲資　祖准　父鳴鳳知縣　母汪氏

具慶下　弟春華　娶孟氏

山西鄉試第四十四名　會試第一百七十九名

吳文之 貫直隷蘇州府吳縣民籍 國子生
治易經字與成行一年三十一十二月初六日生
曾祖敏 祖祚 父侃 母萬氏
嚴侍下 弟湘 娶葉氏
應天府鄉試第二十六名 會試第六十六名
朱子和 貫四川瀘州軍籍 國子生
治禮記字節之行五年三十六月二十一日生
曾祖麟官壽 祖自明官壽 父汸 母袁氏
重慶下 兄子良千戶 子敬 子恭貢士 娶易氏 繼娶胡氏
四川鄉試第二十二名 會試第十七名

侯緘

貫浙江台州府臨海縣軍籍　國子生

治詩經字世言行一年三十四六月十八日生

曾祖丕翰林院檢討　祖儻　父隗　母沈氏

嚴侍下　兄經　綱　組　紺　綮同科會試中式舉人　弟維　繡　綿　娶金氏

浙江鄉試第三十二名　會試第二百九十七名

施山

貫浙江處州府縉雲縣軍籍　國子生

治易經字鎮卿行三十五年三十八二月初二日生

曾祖倫　祖璋　父昌　母樊氏

永感下　兄祥　欽　錫　鐸　弟淵　娶杜氏

浙江鄉試第五十四名　會試第二百二十七名

郁山 貫直隸松江府華亭縣匠籍 國子生

治書經字子靜行一年四十八月十六日生

曾祖駿 祖敏 父桂 母李氏

慈侍下 弟岐 岷 崐 嶧 娶陸氏 繼娶宋氏

應天府鄉試第三十名 會試第九十四名

賈世祥 貫山西太原府代州軍籍 州學生

治禮記字西興行一年二十九十一月十二日生

曾祖公謙 祖允中 父瓚 母王氏

具慶下 弟世瑞 娶呂氏

山西鄉試第二名 會試第一百五十四名

董進第

貫直隸大名府元城縣民籍 國子生

治禮記字子膺行二年二十八九月二十日生

曾祖敎諭 祖秉 生 父澤 監生 母李氏

具慶下 兄進選 弟進國 進翰 娶李氏

順天府鄉試第九十四名 會試第二十九名

丘九仞

貫江西廣信府貴溪縣民籍 國子生

治春秋字時進行四年三十六十月三十日生

曾祖旭初 祖祺 知縣 父瑯 母高氏

永感下 兄[illegible] 九成 弟九皐 九思 娶聞氏

江西鄉試第三名 會試第一百四名

張問行

貫直隸大名府內黃縣民籍　縣學生

治書經字子書行三年二十八月十八日生

曾祖浩　祖明縣丞　父聚奎　母董氏

具慶下　兄問政 問達　弟問仁 問官 問禮 問善 問威 問祿 問奧　娶王氏

順天府鄉試第二十六名　會試第二百五十九名

杜蕙

貫直隸河間府任丘縣軍籍　大寧都司學生

治詩經字維馨行一年二十九十二月初十日生

曾祖興　祖旺　父敎　母張氏

具慶下　兄廷桂 廷蘭 廷芳 廷玉　弟廷蔡 廷徵 廷蓁 廷英 廷佐　娶王氏

順天府鄉試第一百六名　會試第二百二十三名

葉應臣

貫福建漳州府漳浦縣民籍　縣學生

治書經字世臣行七年四十五正月初七日生

曾祖原中　祖孟隆　父載[illegible]　母周氏

永感下　兄璞　璋　太學生　監生　鎰　廣　巽　娶林氏

福建鄉試第十一名　會試第二百二十五名

穆相

貫陝西西安府三原縣民籍　國子生

治易經字仲[illegible]行二年三十四十月二十[illegible]日生

曾祖喜　祖容　[illegible]　父珊　母梁氏

重慶下　弟[illegible]　[illegible]　楨　娶[illegible]氏

陝西鄉試第二十九名　會試第二百五十六名

顧陽和　貫福建興化府莆田縣民籍　國子生
治書經字志仁行二年三十四七月初八日生
曾祖孟喬刑部郎中進階朝請大夫　祖仲鳳義官　父行　母鄭氏
慈侍下　兄陽春　弟陽剛　陽章　陽明　陽清　陽嵩　娶李氏
福建鄉試第四十六名　會試第一百七十六名

董中言　貫山東青州府蒙陰縣民籍　國子生
治詩經字慎巳行三年三十五八月十三日生
曾祖威　祖鳳　父愷訓導　母陳氏
具慶下　兄中立　中儀　中行　娶張氏
山東鄉試第三十五名　會試第六十七名

鮑說

貫順天府大興縣民籍直隸歙縣人　府學生

治易經字[illegible]行二年三十二八月十六日生

曾祖訢　師　祖連　住　父通　嫡母倪氏　生母許氏

慈侍下　兄誠　順天府

順天府鄉試第十二名　會試第二百九十二名

羅尚愛

貫四川重慶府[illegible]民籍

治易經字以德行十年三十六八月初三日生

曾祖仲成　祖文通　父義　前母尚氏　母呂氏

慈侍下　兄尚儒　尚質　弟尚敬　尚義　娶王氏　繼娶[illegible]氏

四川鄉試第十二名　會試第三百十一名

施一德　貫直隸蘇州府太倉州崇明縣民籍　國子生

治易經字子脩行二年三十三十月二十四日生

曾祖安　祖恭　父美玉訓　母張氏

具慶下　兄一夔　弟一貫　一言　娶茅氏

應天府鄉試第一百九名　會試第三百三名

趙兌　貫四川成都府內江縣民籍　國子生

治詩經字麗卿行三年二十六七月二十八日生

曾祖士奇　祖達訓導累贈御史　父俊知府　母徐氏　繼母王氏

嚴侍下　兄乾　升　弟節　古　臨　娶嚴氏

四川鄉試第二十七名　會試第二十七名

余經　貫廣東廣州府順德縣民籍　國子生
治易經字崇一行一年四十三九月二十二日生
曾祖俊仁　祖仕盛　父洪　母黃氏
永感下　弟綸　縉　娶馮氏
廣東鄉試第二十八名　會試第一百四十二名

楊仲瓊　貫四川嘉定州洪雅縣軍籍　縣學生
治易經字子石行三年三十六七月十九日生
曾祖政　祖以剛壽官　父傑　母龔氏
重慶下　兄仲武　仲殊　弟仲共　仲璧　娶彭氏
四川鄉試第六十九名　會試第二百二十四名

胡體乾　貫山西太原府交城縣匠籍　縣學生
治易經字健夫行一年二十七四月二十八日生
曾祖昂 知州　祖緯 通判　父方獻　母李氏
具慶下　弟體觀　體立　體具　體孚　娶楊氏
山西鄉試第二十五名　會試第四十四名

張珩　貫山西太原府石州民籍　國子生
治易經字佩玉行三年二十六十一月二十五日生
曾祖大全　祖讓　父文紳 典膳　母康氏　繼母馮氏
具慶下　兄玫　玠　弟珊　璋　瓊　璁　琉　瑋　玭　娶王氏
山西鄉試第四十名　會試第一百八十三名

余經　貫廣東廣州府順德縣民籍　國子生

治易經字宗一行一年四十三九月二十二日生

曾祖俊仁　祖仕斌　父洪　母黃氏

永感下　弟綸　緯　娶馮氏

廣東鄉試第二十八名　會試第一百四十三名

楊仲瓊　貫四川嘉定州洪雅縣軍籍　縣學生

治易經字子石行三年三十六七月十九日生

曾祖政　祖以剛　官　壽　父傑　母龔氏

重慶下　兄仲武　仲珠　弟仲其　仲卑　娶彭氏

四川鄉試第六十九名　會試第二百二十四名

胡體乾 貫山西太原府交城縣匠籍 縣學生
治易經字健夫行一年二十七四月二十八日生
曾祖昂 知州 祖緯 通判 父方獻 母李氏
具慶下 弟體觀 體立 體具 體孚 娶楊氏
山西鄉試第二十五名 會試第四十四名

張珩 貫山西太原府石州民籍 國子生
治易經字佩玉行三年三十六十一月二十五日生
曾祖大全 祖讓 父文紳 典膳 母康氏 繼母馮氏
具慶下 兄玫 玠 弟珊 瑋 瓊 璉 琉 瑋 玭 娶王氏
山西鄉試第四十名 會試第一百八十三名

陳邦敷 貫陝西西安府乾州民籍 州學生

治詩經字自寬行五年三十三三月二十三日生

曾祖克恭 祖厚知府 父閎知縣 嫡母宋氏 生母楊氏

永感下 兄邦政 允中 邦教 用中 弟建中 時中 經濟 娶王氏 繼娶宋氏

陝西鄉試第二十七名 會試第一百六十八名

楊宗堯 貫雲南大理府太和縣民籍 國子生

治易經字從道行一年四十七二月二十五日生

曾祖清 祖齡 父明義官 母陽氏 繼母陽氏

永感下 弟宗舜 宗禹 娶張氏

雲貴鄉試第一名 會試第八十六名

丁汝夔 貫山東濟南府濱州霑化縣匠籍 縣學生

治易經字大章行一年二十五三月二十九日生

曾祖伯原 祖福 父忠貢士 母呂氏

具慶下 弟汝龍汝尹汝說汝魯汝夔汝相汝吉汝崇 娶王氏

山東鄉試第四名 會試第十三名

鄒架 貫江西撫州府臨川縣民籍 國子生

治詩經字大升行四年四十三正月初一日生

曾祖仲貞 祖子謨 父衍監生 母趙氏

永感下 兄驟訓導 弟珵總選監生 娶章氏

江西鄉試第二十四名 會試第二百三十五名

江山　貫浙江杭州府錢塘縣民籍　縣學生

治易經字仁伯行一年三十七正月二十二日生

曾祖原官譸　祖議官譸　父寛　母江氏

慈侍下　弟岳　嵩　娶汪氏

浙江鄉試第三十七名　會試第二百五十七名

王世爵　貫直隸大名府開州民籍　國子生

治書經字君列行一年三十八十二月三十日生

曾祖信封刑部主事　祖聰　父緒監生　母袁氏

慈侍下　弟世謙　世清　娶徐氏

順天府鄉試第四十三名　會試第一百六十二名

應非 貫浙江處州府遂昌縣民籍 國子生
治易經字子忠行二年三十四二月初七日生
曾祖存璉 祖世鋹 父瀾 母朱氏
慈侍下 兄界 弟槃 栗 柴 娶黄氏
浙江鄉試第五十七名 會試第二百三十三名

倪宗嶽 貫山東東昌府濮州軍籍 國子生
治詩經字子鎮行一年三十二四月十三日生
曾祖居智 祖榮 父佐 母安氏
慈侍下 弟宗岱 宗恒 宗嵩 娶胡氏 繼娶杜氏
山東鄉試第七十七名 會試第二十四名

景仲光 貫河南河南府偃師縣民籍 國子生

治詩經字文華行一年三十九十一月初八日生

曾祖淵 祖芳訥 父端 母張氏

嚴侍下 弟仲綱 娶劉氏

河南鄉試第五十四名 會試第二百三十二名

睦紘 貫直隸常州府武進縣民籍[illegible]陽縣人 國子生

治詩經字宗朝見行五年四十一十月二十七日生

曾祖以貞 祖恭 父覲 母陳氏

永感下 兄經 綸 綱 紀 弟紳 縉 娶張氏

應天府鄉試第一名 會試第二百八十名

孫燦 貫順天府昌平州民籍 國子生
治易經字晦孺行一年三十七八月二十八日生
曾祖可 祖福興 父森 嫡母董氏 生母邢氏
慈侍下 娶李氏
順天府鄉試第一百十六名 會試第二百三十六名

楊言 貫浙江寧波府鄞縣民籍 國子生
治易經字惟仁行十九年三十四十一月十三日生
曾祖時祚 祖灝 父明彝 母姚氏
具慶下 兄誌 弟諫 娶劉氏
浙江鄉試第六十一名 會試第二百八十四名

陳由正　貫江西南昌府寧州民籍　國子生
治春秋字楷卿行七年三十六九月初十日生
曾祖鄖　祖鳳彰　父洽　母王氏
具慶下　弟由玉　由工　娶劉氏
江西鄉試第三十名　會試第二百十一名

田麟　貫浙江紹興府山陰縣民籍　府學生
治易經字文祥行三年四十十月初一日生
曾祖錫　祖杰　父淵訓導官　母俞氏
永感下　弟鳳　奎　龍　琥　鰲　鵬　娶駱氏
浙江鄉試第三十五名　會試第三百五十名

張恂　貫山東兗州府東平州陽穀縣民籍　縣學生

治詩經字惇夫行一年四十二月十三日生

曾祖清　祖秉　父仲仁　母王氏

具慶下　弟愷　忻　愉　娶杜氏

山東鄉試第五十七名　會試第二百八十七名

常泰　貫山西太原府徐溝縣民籍　國子生

治詩經字時雍行一年四十二八月初二日生

曾祖成　祖春　父恕　母薛氏

嚴侍下　娶喬氏　繼娶周氏　楊氏

山西鄉試第四十六名　會試第二百六名

孫溢 貫直隸常州府武進縣官籍宜興縣人 國子生
治詩經字德懋行一年三十四十一月初五日生
曾祖仲 [illegible]司丞 祖榮 父璣 [illegible] 前母黃氏 母林氏
慈侍下 [illegible] 娶劉氏
應天府鄉試第三十一名 會試第二百二十六名

端廷赦 貫直隸太平府當塗縣民籍 國子生
治易經字世恩行八年二十九十二月三十日生
曾祖厚 [illegible] 祖宏 布政司右布政使 父文用 母唐氏
慈侍下 兄廷表 廷弼 廷輔 廷佐 廷相 娶錢氏 繼娶夏氏
應天府鄉試第五十三名 會試第二百七十九名

金輅 貫浙江杭州府錢塘縣民籍 府學生

治易經字之乘行一年三十三九月初五日生

曾祖誠 壽官 祖瑀 父鵬 壽官 前母宋氏 母周氏

嚴侍下 娶談氏 繼娶談氏

浙江鄉試第五十三名 會試第七十九名

譚問 貫四川潼川州蓬溪縣民籍 國子生

治春秋字朝言行四年三十八二月十八日生

曾祖宣□ 祖宗□ 父冠 知州 前母徐氏 母詹氏 繼母孔氏

具慶下 弟□□ 弟俶 伯偲 化□ 誥 娶席氏 繼娶高氏

四川鄉試第二十一名 會試第三十名

趙時亨 貫順天府霸州文安縣軍籍 國子生
治詩經字康伯行一年三十九七月十八日生
曾祖福海 祖儼 父尚義讓 母董氏
具慶下 弟時寵 娶裴氏 繼娶張氏
順天府鄉試第七十二名 會試第一百五十四名

藍伯采 貫湖廣永州衛軍籍祁陽縣人 國子生
治禮記字本素行一年二十六十一月初十日生
曾祖義 祖茂 父用 母李氏
慈侍下 娶鄭氏
湖廣鄉試第五十六名 會試第二百七十七名

胡明善　貫直隸鳳陽府壽州霍丘縣民籍　縣學生

治春秋字公擇行三年三十一九月十七日生

曾祖瓚　祖成　父澳監生　母曹氏

慈侍下　兄明經　明倫　弟明理　明肅　明忠　明孝　明賢　明儒　娶方氏　繼娶秦氏

應天府鄉試第一百二十五名　會試第三百四十四名

陳大濩　貫福建福州府長樂縣軍籍　縣學附學生

治詩經字則啟行五年二十四二月三十日生

曾祖育　祖英　父埜　母高氏

慈侍下　兄大猷　大倫　大夏　大用貢士　弟大全　娶趙氏

福建鄉試第三十四名　會試第二百二十六名

楊迥

貫山東兗州府曹州曹縣軍籍 縣學生

治易經字俊卿行一年二十七十二月初八日生

曾祖忠 祖質紀善 父曆 前母李氏 母蘇氏 繼母賈氏

具慶下 弟邁 迨 娶王氏

山東鄉試第二十七名 會試第七十二名

王繼禮

貫陝西鞏昌府階州文縣軍籍岐山縣人 國子生

治書經字行之行二年四十二九月二十八日生

曾祖貴 祖雄 父景惠監生 母蕭氏

永感下 兄繼學 娶慕氏 繼娶張氏

陝西鄉試第四十五名 會試第二百二十九名

石國柱

貫騰驤左衛軍籍順天府大興縣人 國子生

治易經字殿卿行一年三十五八月十八日生

曾祖海成 祖清 父欽 嫡母李氏 母蕭氏

慈侍下 弟國瞻 娶王氏

順天府鄉試第六十一名 會試第八十三名

李松

貫直隸蘇州府長洲縣民籍 縣學附學生

治易經字節夫行一年三十四四月初一日生

曾祖公謙 祖實 父洪 母葉氏

具慶下 弟椿 桂 楠 娶張氏

應天府鄉試第十四名 會試第二百七名

田龍

貫武驤右衛官籍直隸饒陽縣人 國子生

治易經字杞潛行二年三十四十一月三十日生

曾祖友文驛 祖淳詩、父芳議 前母高氏 母李氏 繼母盧氏高氏

具慶下 兄宏 弟宇 娶鄭氏

順天府鄉試第七十一名 會試第一百九名

田頊

貫福建延平府尤溪縣民籍 縣學生

治詩經字希古行十年二十六八月十一日生

曾祖梢大 祖宗永 父濡衛經歷 母劉氏

重慶下 兄璲 弟璽 娶范氏 繼娶蘇氏

福建鄉試第四十二名 會試第二十九名

陳皐謨　貫山西振武衛軍籍代州人　國子生
治詩經字名世行一年四十三正月初四日生
曾祖隆　祖温縣丞　父吉[illegible]　母石氏　繼母趙氏
嚴侍下　弟蓋謨　娶孫氏
山西鄉試第一名　會試第二百五十一名

徐元祉　貫陝西鞏昌府秦州民籍　州學生
治易經字良夫行二年三十八五月二十三日生
曾祖慶　祖繼宗　父浩長史　母李氏
具慶下　兄元吉[illegible]　弟元道監生　娶馬氏
陝西鄉試第九名　會試第一百七十二名

劉迴 貫四川潼川州射洪縣民籍江西吉水縣人 國子生
治詩經字維中行二年三十七九月十五日生
曾祖長器 祖持漢贈官 父賢癸丑進士 母楊氏
具慶下 兄价 弟巽 縉 暘 遇 時 曉 娶王氏
四川鄉試第三十名 會試第三百四十七名

尹倫 貫河南汝州民籍 國子生
治禮記字天叙行五年四十五五月二十日生
曾祖剛 祖貴 父衡舉人 母溫氏
永感下 兄福 海 惠 榮 娶鄭氏
河南鄉試第五名 會試第三百二十五名

高應楨

貫福建福州府閩縣民籍　江西豐城縣儒學教諭

治易經字貞甫行七年三十六十二月初四日生

曾祖旭 [illegible] 祖惟一 [illegible] 父孔嘉 [illegible] 母張氏 繼母蔣氏

具慶下 兄應祥 弟應魁 [illegible] 世慶 世隆 孝 忠 仁 傑 娶林氏

福建鄉試第二名　會試第二百九十六名

楊鏞

貫錦衣衛官籍河南臨漳縣人　國子生

治詩經字聲之行三年三十七八月二十八日生

曾祖晉興　祖旻　父進　母潘氏

永感下 兄鏘 鍠 錠 弟欽 鎮 鈞 娶呂氏 繼娶蕭氏

順天府鄉試第七十四名　會試第一百六名

項熙

貫浙江台州府臨海縣民籍 府學生

治詩經字朝載行二年二十六五月初三日生

曾祖彥遠 祖文達 父臣南京太常寺博士 母周氏

慈侍下 兄鰲貢士 弟熙 聘王氏

浙江鄉試第二十一名 會試第三百四十五名

陸鰲

貫直隸蘇州府崑山縣民籍 國子生

治易經字伯載行一年三十二十一月初一日生

曾祖瑣 祖鑄壽官 父楠 母龔氏

具慶下 弟醇 娶許氏

應天府鄉試第九十五名 會試第一百四十六名

謝貴 貫福建福州府閩縣匠籍 府學生

治易經字惟盛行五年三十五六月二十三日生

曾祖璽 祖睿翰林院檢討 贈戶部主事 父澤義官 母王氏

永感下 兄賢 寳知縣 弟賜 贊 賓 娶李氏

福建鄉試第二十五名 會試第二百六十八名

方啓顏 貫湖廣岳州府巴陵縣民籍 固始縣學教諭

治詩經字叔希行一年三十二八月初一日生

曾祖昭 祖宗密 父藻 母漆氏

重慶下 弟啓顏 娶張氏

湖廣鄉試第五十七名 會試第八十九名

張徽　貫浙江嘉興府秀水縣民籍　國子生
治詩經字德卿行五年四十三月三十日生
曾祖士賢　祖昇壽官　父經　母周氏　繼母韓氏
慈侍下　弟徽　徵　娶馬氏
浙江鄉試第四十六名　會試第一百三十三名

李翔　貫直隸松江府上海縣匠籍　國子生
治詩經字集卿行三年四十七月二十九日生
曾祖文旺　祖昂　父泰　母沈氏
永感下　兄翬　翱　弟翼　娶張氏　繼娶黃氏
應天府鄉試第二十一名　會試第一百三名

屈儒 貫直隸蘇州府崑山縣軍籍 國子生

治易經字女為行一年四十三三月二十五日生

曾祖昉縣丞 祖綸 父轍 母徐氏

永感下 兄伸仁佰儀信俸億 弟侑倣文武 娶陸氏 繼娶葛氏

應天府鄉試第五十五名 會試第二百四十三名

蔣詔 貫直隸蘇州府吳縣民籍 國子生

治易經字伯宣行二年三十六正月初七日生

曾祖銓 祖沉 父曄 母徐氏

慈侍下 兄謨 弟誥 諫 訓 娶徐氏

應天府鄉試第一百三十三名 會試第三百二十七名

王鳴鳳 貫四川夔州府巫山縣民籍 國子生
治詩經字時瑞行一年三十五六月初九日生
曾祖鎮 祖文 父珎義官 母田氏 繼母譚氏 李氏
具慶下 弟鳴鹿 鳴鵬 娶袁氏 繼娶陳氏
四川鄉試第四十六名 會試第二百九十一名

段汝礪 貫虎賁左衛旗籍山西陽曲縣人 國子生
治書經字良臣行一年二十九八月十一日生
曾祖輔 祖章 父昂 母方氏
重慶下 弟汝爲 汝揖 娶王氏
順天府鄉試第七十九名 會試第一百八十五名

周煦

貫江西吉安府安福縣軍籍 國子生

治春秋字啓和行七年四十二九月二十三日生

曾祖資貴 贈工部員外郎 祖希用 父梯雲 母許氏

永感下 娶劉氏

江西鄉試第七十八名 會試第二百二十八名

彭汝寔

貫四川嘉定州民籍 國子生

治書經字子充行五年四十二十二月初七日生

曾祖敷 祖孟聚 [illegible] 父鍏 府同知 前母周氏 趙氏 母陳氏

嚴侍下 兄汝[illegible] 汝[illegible] [illegible] 弟汝官 [illegible] 汝綸 汝臣 汝吉 [illegible] 娶劉氏 繼娶[illegible]氏

四川鄉試第八名 會試第三名

蔣賜 貫山東青州府樂安縣匠籍 國子生
治書經字文輝行一年四十六月初五日生
曾祖端 祖整 父海典史 母孫氏
慈侍下 兄鎣 弟鎰 炳 煒 炘 爔 炫 娶崔氏
山東鄉試第五十八名 會試第二百九十名

張佑 貫直隸天津左衛官籍河南上蔡縣人 國子生
治詩經字吉孚行八年四十五五月二十九日生
曾祖忠副千戶 祖安副千戶 父昇副千戶 母周氏封宜人
永感下 兄俊副千戶 傑 佐 娶呂氏 繼娶楊氏
順天府鄉試第十一名 會試第二百三十名

梁喬升

貫廣東廣州府順德縣軍籍 國子生

治詩經字以順行一年四十二十月三十日生

曾祖武安 祖溥 父覺 母黃氏

慈侍下 兄喬壽 喬樟 喬遷 弟喬望 娶黃氏

廣東鄉試第二十七名 會試第二百六十七名

鄭節

貫河南汝寧府汝陽縣民籍山西沁州人 國子生

治書經字介甫行一年三十五九月二十七日生

曾祖景議 祖[illegible]壽官 父紳州判 母龔氏

重慶下 弟策 冀 娶蕭氏

河南鄉試第四十九名 會試第二百八十五名

傅仲霖

貫四川重慶府長壽縣民籍 國子生

治易經字民望行一年三十四八月初十日生

曾祖榮忠 祖文魁 父紳 母劉氏

慈侍下 兄仲才仲傑仲倫仲厚 弟仲寰仲暘仲暄 娶胡氏 繼娶趙氏

四川鄉試第十名 會試第一百十九名

劉濂

貫直隸真定府冀州南宮縣民籍 縣學生

治詩經字濬伯行一年三十二九月十三日生

曾祖明 祖幹 父錫知縣 母張氏

重慶下 弟汀 濟 藻 娶夏氏

順天府鄉試第九名 會試第二百三十四名

黃仁山 貫江西臨江府新淦縣民籍 國子生

治詩經字元靜行三年三十六八月十一日生

曾祖韶武 祖官亮壽官 父清淮 母龔氏

具慶下 兄元松 弟仁甫 仁芳 仁坤 娶鄒氏

江西鄉試第九名 會試第八十二名

劉宗謙 貫江西吉安府萬安縣民籍 國子生

治易經字[illegible]忠行一年二十四三月十七日生

曾祖述禮 祖威昌義官 父遵 母朱氏

永感下 弟宗泰 宗洛 宗乾 宗業 宗鑒 宗坤 宗充 宗翰 娶羅氏

江西鄉試第八十六名 會試第二百四十名

何鐘　貫四川敘州府富順縣民籍　國子生
治書經字以宣行二年五十十二月二十三日生
曾祖勝才 贈奉政大夫協正庶尹忠州知州　祖彰　父孟濟 府經歷　母任氏
永感下　兄錫 壽官　弟鎮　娶羅氏
四川鄉試第二十五名　會試第六十八名

徐照　貫浙江金華府永康縣匠籍　國子生
治書經字德新行四十六年二十九正月十四日生
曾祖伯珍　祖得良　父忱　母董氏
具慶下　兄昕　弟暕　娶應氏
浙江鄉試第四十名　會試第一百六十名

曾梧　貫江西建昌府廣昌縣官籍　國子生

治書經字于陽行八年三十八八月初四日生

曾祖汝勵義官　祖慶　父祐　母周氏

慈侍下　兄椿 堉 桂 模 樞 輔 禧 相 植 弟彬　娶何氏

江西鄉試第六十四名　會試第一百五十二名

王紀　貫直隸大名府開州民籍　國子生

治禮記字朝憲行三年四十四月二十九日生

曾祖福榮　祖信　父範　嫡母張氏封安人　生母宋氏

永感下　兄緒 紳 弟敘 組 綬　娶鄭氏　繼娶張氏

順天府鄉試第二十七名　會試第二百四十六名

張祿 貫山東濟南府德州千戶所軍籍 國子生
治詩經字原學行四年四十十月二十二日生
曾祖大公 祖志剛 父忠[illegible] 前母[illegible]氏 母陳氏
永感下 兄麃 毅 明 祥 成 清 錫[illegible] 瑞 達 鉞 娶王氏 繼娶[illegible]氏
山東鄉試第六十八名 會試第一百十八名

裴騫 貫山西澤州民籍 國子生
治書經字子孝行三年二十七六月十七日生
曾祖廣 祖楠[illegible] 父淵 母李氏 繼母李氏
重慶下 兄寬 龍 弟守 守 宗 宸 娶崔氏
山西鄉試第四十九名 會試第三百二十四名

馬敭

貫河南汝寧府上蔡縣民籍 國子生

治詩經字抑之行三年三十五十一月二十八日生

曾祖驥布政司左參議 祖瑄贈官 父昇知州 母張氏

慈侍下 兄鏊 數儒官 娶孫氏

河南鄉試第二十一名 會試第三百二十一名

沈奎

貫直隸寧國府涇縣民籍 縣學生

治詩經字文端行二年三十五七月初十日生

曾祖寧 祖華 父崇 母謝氏

具慶下 兄理 弟海 翰 燮 武 娶左氏

應天府鄉試第六十四名 會試第二百四十九名

胡奎

貫江西臨江府新淦縣民籍　國子生

治詩經字應文行一年二十八七月二十日生

曾祖子鑑　祖元節　父體恕　母江氏

重慶下　弟乾　朝　巽　表　娶謝氏

江西鄉試第六十七名　會試第三百三十六名

田玉

貫山東濟南府濱州利津縣軍籍　縣學生

治禮記字德溫行一年三十六三月初四日生

曾祖敬禮　祖綱　父禎右長史進階中順大夫　母牛氏

具慶下　弟珏　娶隆氏　繼娶王氏

山東鄉試第二十四名　會試第三百三十五名

熊爵

貫河南開封府祥符縣民籍　國子生

治詩經字子脩行二年三十六七月十九日生

曾祖智德　祖勝亨　父泰　嫡母楊氏　母陳氏

慈侍下　兄仲　弟書　娶楊氏

河南鄉試第五十七名　會試第一百二十五名

陳貴

貫錦衣衛官籍福建光澤縣人　國子生

治書經字道充行五年四十一六月二十八日生

曾祖法通　祖通保　父福義官　母田氏

永感下　兄福保　暖　[illegible]　達　華錦衣衛正千戶　富[illegible]　娶熊氏

順天府鄉試第六十三名　會試第一百四十一名

劉熇 貫直隸保定府完縣軍籍 縣學生

治詩經字德輝行一年三十八十二月初十日生

曾祖海 祖麒[illegible] 父標[illegible] 母韓氏

具慶下 弟燁 炳 娶安氏

順天府鄉試第六十六名 會試第一百八十二名

王朝用 貫四川順慶府南充縣民籍 國子生

治詩經字汝行行一年三十五二月十二日生

曾祖真 祖志方 父崇德 母呂氏

具慶下 弟朝聘 朝獻 朝翰 朝鈞 娶張氏

四川鄉試第十七名[illegible] 會試第一百九十九名

曾世昌

貫廣東廣州府南海縣民籍 國子生
治易經字公裕行六年三十九六月二十九日生
曾祖安 祖景弘 父尚贇 母馮氏
具慶下 兄鸞 世福 文聰 世祿 世裡 娶黃氏
廣東鄉試第三十五名 會試第二百五名

龐浩

貫山西澤州民籍 國子生
治書經字師孟行一年四十二月二十三日生
曾祖毅兵部郎中 祖聰 父能 母牛氏
具慶下 弟澤 沐 娶顏氏
山西鄉試第[illegible]九名 會試第三百四十八名

趙鏜

貫金吾左衛官籍湖廣江陵縣人　武學生

治詩經字振夫行一年二十六八月二十三日生

曾祖剛正千戶　祖欽正千戶　父宣正千戶　母劉氏

具慶下　弟銘　鉞　鍾　娶宗氏

順天府鄉試第三十名　會試第二百十九名

劉竹

貫直隸真定府晉州軍籍　國子生

治書經字守節行一年三十七二月十五日生

曾祖斌同知　祖善教諭　父本義訓導　母張氏

慈侍下　弟榛　芝　萼　杏　㮾　艾　芹　娶王氏

順天府鄉試第三十九名　會試第二十六名

毛麟之　貫河南[illegible]籍　[illegible]學生

治詩經字[illegible]行[illegible]年三十六二月初五日生

曾祖教百戶　祖斌百戶　父昇百戶　母劉氏封宜人

慈侍下　兄麟之[illegible]　增百戶　[illegible]之貢士　龍之　娶水氏

河南鄉試第六十二名　會試第一百七十四名

黃潤　貫福建泉州府晉江縣匠籍　國子生

治易經字以誠行一年二十九九月十九日生

曾祖宗和　祖容　父希顏　母張氏

具慶下　弟濟　[illegible]　澤　娶陳氏

福建鄉試第二十五名　會試第一百四十名

周祚

貫浙江紹興府山陰縣民籍　國子生

治書經字天保行十六年四十五月初一日生

曾祖達　祖永才　父廷澤 封知縣　母王氏 封孺人

嚴侍下　兄禎 翰林院檢討　祥　初 南京刑部郎中　弟擇　超　娶章氏

順天府鄉試第二名　會試第十二名

王重賢

貫直隸河間府交河縣民籍　縣學生

治詩經字子尚行一年三十九五月十六日生

曾祖友信　祖安 義官　父鉞　母常氏

重慶下　弟好賢　任賢　進賢　禮賢　尊賢　親賢　省賢　娶劉氏

順天府鄉試第一百十一名　會試第一百九十四名

潘泗

貫廣東潮州府潮陽縣民籍　國子生

治書經字源魯行二年三十九十一月十八日生

曾祖全　祖則廣　父廷瑄　母洪氏

慈侍下　兄漢　弟河　娶林氏

廣東鄉試第十七名　會試第二百十三名

顧溱

貫直隸蘇州府太倉州民籍崑山縣人　國子生

治詩經字深卿行一年四十二正月二十四日生

曾祖暹 官　祖珩　父欽　前母張氏　母閭氏

嚴侍下　兄源　弟沾　濟刑科給事中　津　淡　沂　瀍　淳　準　淵　潮　瀚　[illegible]

應天府鄉試第七十九名　會試第四十六名

吳瀛 貫河南河南衛軍籍直隸吳縣人 國子生
治易經字莘夫行二年三十四十二月初四日生
曾祖成 祖興 父全 前母劉氏 母李氏
永感下 兄瀚同科進士 弟滂 瀾 娶霍氏 繼娶楊氏 鄧氏
河南鄉試第三十六名 會試第五十八名

毛鳳韶 貫湖廣黃州府麻城縣民籍 國子生
治春秋字瑞成行二年三十二十月十二日生
曾祖性中 祖本學監生贈戶部主事 父[illegible] 封楊氏 繼母何氏
嚴侍下 兄鳳鳴 弟鳳翥 鳳喈 鳳祀 鳳周 鳳和 鳳翥 鳳詔 娶陳氏 繼娶汪氏
湖廣鄉試第五十二名 會試第一百八十名

張鳳翀　貫雲南臨安府寧州民籍　國子生

治詩經　字文彩　行二　年三十六　六月初八日生

曾祖璉贈監察御史　祖海按察使贈正議大夫　父西銘監察御史　母孫氏封孺人　繼母馬氏

慈侍下　兄鳳羽生　歲貢　弟鳳翊　娶王氏

雲南鄉試第十四名　會試第七十五名

張璠　貫直隸河間府滄州竈籍　國子生

治春秋　字廷珎　行三　年三十六　正月二十三日生

曾祖景智　祖鐸　父繼　前母馮氏　母趙氏

具慶下　兄璁　璽　娶陳氏

順天府鄉試第十七名　會試第三百二十三名

谷鸞 貫騰驤左衛軍籍順天府大興縣人 國子生

治書經字應和行一年二十九四月二十六日生

曾祖晋宋 祖榮 父祥 母徐氏 繼母王氏

具慶下 弟鵬 娶謝氏

順天府鄉試第六十七名 會試第三百二十名

蔡復元 貫儀衛長安司官籍順天府宛平縣人 河間府學附學生

治易經字啟仁行一年二十八二月初二日生

曾祖彝 祖昇 父英義官 母錢氏

慈侍下 弟復亨 復利 復貞 娶李氏

河間鄉試第三十三名 會試第一百三十五名

王銳

貫忠義前衛官籍順天府大興縣人 國子生

治書經字子中行二年三十五六月初一日生

曾祖昇 百戶 祖紀 百戶 父通 母劉氏

具慶下 弟錢 鍈 鋑 鈞 鍾 娶楊氏

順天府鄉試第十名 會試第七十六名

[illegible]

貫福建福州府侯官縣民籍閩縣人 縣學生

治易經字德昭行三年三十四四月二十九日生

曾祖鏞 祖滿 父永 母林氏

慈侍下 兄[illegible] 叔[illegible] 叔珏 叔珍 叔正 弟琥 娶林氏

福建鄉試第八十名 會試第二百三十四名

張經綸 貫山西振武衛軍籍代州人 國子生
治詩經字以時行一年三十七正月十五日生
曾祖承 祖智 父謙 母冀氏
具慶下 弟彌綸 如綸 娶劉氏
山西鄉試第三十名 會試第三百十二名

李綸 貫四川重慶府巴縣軍籍 國子生
治詩經字正言行二年二十九四月二十三日生
曾祖朝信 祖榮議 父志仁通判 母王氏 繼母王氏
具慶下 兄綎 弟緯 娶許氏
四川鄉試第六十七名 會試第一百十一名

周夔

貫湖廣武昌府江夏縣軍籍 國子生

治易經字公遜行三十四年四十一十月初四日生

曾祖東

祖懋 父寶訓導 母仵氏

永感下 兄友剛 友松 友梅 友楨 弟友達 友衍 娶李氏

湖廣鄉試第五十三名 會試第一百五十七名

吳大本

貫直隸寧國府宣城縣儒籍 國子生

治詩經字性夫行九年三十七十月二十四日生

曾祖讓[illegible] 祖文常贈戶部員外郎 父宗儒貢士 前母孫氏 母孫氏

慈侍下 兄紹楩 樟 榮監生 果 本 大經 弟大倫監生 格 栻 模 娶楊氏

應天府鄉試第七十五名 會試第二百七十二名

楊珮　貫雲南大理府太和縣民籍　國子生
治書經字仲玉行四年四十三閏十月二十八日生
曾祖政　祖春　父勲壽官　母張氏
永感下　兄璠瓛　璪典史　珂義官　弟倫　娶楊氏
雲貴鄉試第四十六名　會試第三百一名

顧明復　貫浙江紹興府餘姚縣竈籍　縣學生
治易經字學夫行十九年三十五八月十七日生
曾祖友諒　祖守仁　父惠　母樓氏
慈侍下　兄本復　禮復　敷復　鶴陽道　休復　娶陳氏
浙江鄉試第六十六名　會試第一百二十六名

陳時明 貫山東東昌府堂邑縣民籍 縣學生

治易經字際豐行三年三十六九月二十四日生

曾祖善 前按察司僉事 祖睿 父璽 州判 前母魏氏 母汪氏

永感下 兄時雍 義官 時隆 義官 娶蕭氏

山東鄉試第四十四名 會試第三百二十九名

張縉 貫直隸保定府完縣軍籍 國子生

治詩經字騰漢行二年三十四九月初八日生

曾祖敬先 祖本 曉漢官 父隆 義官 母黃氏 繼母上官氏

永感下 兄艸 義官 娶黃氏 繼娶吳氏 吳氏

順天府鄉試第二十三名 會試第三百六名

王傳　貫金吾右衛軍籍　國子生

治詩經字孟學行五年三十六八月二十五日生

曾祖安　祖洪　父琦 知府　前母[illegible]氏　何氏　繼母[illegible]氏 [illegible]

慈侍下　兄傑　倫 [illegible]　佐　陏　娶[illegible]氏

順天府鄉試第十九名　會試第三百十八名

宗良臣　貫湖廣德安府隨州軍籍　州學生

治易經字敬之行一年三十二五月十八日生

曾祖貴　祖文 參議 贈監察御史　父彝 監察御史　前母樓氏　母張氏

具慶下　娶梁氏

湖廣鄉試第六名　會試第二十五名

徐俊民　貫浙江紹興府山陰縣民籍　國子生
治詩經字達夫行一年四十一五月初十日生
曾祖玘　祖韓　父錬　母未氏
具慶下　弟天儀　天相　天叙　天爵　娶高氏
浙江鄉試第六十名　會試第一百七十一名

方鈍　貫湖廣岳州府巴陵縣軍籍　國子生
治詩經字仲敏行九年三十四十月初二日生
曾祖庭璽　祖俛譸　父世華　母胡氏
具慶下　弟濤　娶劉氏
湖廣鄉試第五十四名　會試第二百九名

周朝僥　貫福建福州府閩縣軍籍　國子生

治禮記字勤可行九年二十六六月二十四日生

曾祖臣　壽　祖臣　封刑部郎中　父臣　刑部郎中　母[illegible]氏　封太宜人

慈侍下　兄朝仕　朝佐知州　朝儀　朝信　朝說　朝儼　朝倧　朝僎　娶蔡氏

福建鄉試第三十名　會試第五名

廖自顯　貫直隸盧龍衛軍籍湖廣湘潭縣人　永平府學生

治書經字德潛行三年三十一十月初三日生

曾祖榮　祖清　父儒　母高氏

嚴侍下　兄自彰　自高　弟自泰　自貴　自昌　自強　娶楊氏

順天府鄉試第九十七名　會試第一百二十四名

王芳　貫湖廣荊州府石首縣軍籍　縣學生
治書經字元采行十八年三十三十一月十三日生
曾祖宗智　祖俸 教諭　父伯載　母夏氏
具慶下　兄華 蔚 萱　弟英 艾 遵 美　娶曾氏
湖廣鄉試第三十一名　會試第三十一名

雷子貞　貫陝西西安府同州郃邑縣軍籍　國子生
治詩經字仲華行二年二十八八月初十日生
曾祖敬　祖顯　父東　嫡母王氏　生母甯氏
具慶下　兄子忠　弟子孝　娶王氏
陝西鄉試第十三名　會試第二百九十五名

張惟恕 貫河南汝寧府上蔡縣軍籍 國子生

治易經字子行行九年二十九八月二十三日生

曾祖晟 祖琳 通判 父儼 訓導 母李氏

慈侍下 兄惟京 惟易 惟恪 惟寬 惟[illegible] 惟恩 弟惟惇 娶[illegible]氏

河南鄉試第七十六名 會試第二百八十一名

袁士偉 貫山東濟南府肥城縣民籍 直隸亳州人 [illegible]學生

治書經字彥夫行二年二十五正月二十三日生

曾祖真 祖泰 [illegible] 父汝弼 知州 母董氏

慈侍下 兄士奇 [illegible] 娶尹氏

山東鄉試第八名 會試第三百三十八名

杜鸞 貫陝西西安府商州山陽縣民籍 縣學生 河南新野縣學教諭

治易經字文祥行二年四十四月初八日生

曾祖敬 祖譕 父璟 母閻氏

具慶下 兄傑 弟鳳 鵬 娶朱氏 繼娶王氏

陝西鄉試第二十四名 會試第三百十六名

任淳 貫山東東昌府堂邑縣軍籍 國子生

治詩經字原朴行三年二十八十二月初十日生

曾祖興 祖禮 父傑 母韓氏

具慶下 兄稲澄 弟瀛河濟洲澤濡臣 娶高氏 繼娶宋氏

山東鄉試第六十三名 會試第三十二名

楊瑛　貫四川順慶府南充縣軍籍　府學生

治詩經字潤之行一年二十八五月十八日生

曾祖玉璽　祖永寬　父仲戩　母廖氏

慈侍下　兄鵬　弟鵰鸞珪玠瓊璋璣珩瑆　娶王氏

四川鄉試第六十四名　會試第一百二十九名

鄭重　貫河南汝寧府光州固始縣民籍　國子生

治春秋字子任行一年二十四九月二十七日生

曾祖廣　祖伯琳　父聰　母謝氏

具慶下　弟節　娶周氏

河南鄉試第十名　會試第六十九名

劉守良 貫直隸淮安府海州贛榆縣民籍 國子生

治詩經字君遂行三年四十二十月十五日生

曾祖璿 祖諒 判 父鑑 前母張氏 母樊氏

慈侍下 兄守眷 守淮 弟守宜 守度 守身 娶董氏

應天府鄉試第八十八名 會試第三百四十一名

李茂元 貫河南河南衛軍籍歸德州人 國子生

治詩經字維大行一年三十三六月十二日生

曾祖順 祖琮 父銘 母張氏

具慶下 弟調元 際元 娶于氏

河南鄉試第二名 會試第二百四名

魏有本

貫浙江紹興府餘姚縣民籍　醫士

治易經字伯深行十四年三十九十一月初四日生

曾祖修齡　祖璣　父鎧　母黃氏　繼母俞氏

永感下　弟有容　娶鄒氏

浙江鄉試第三十二名　會試第九名

程軺

貫直隸徽州府績溪縣民籍　縣學生

治書經字邦載行一年三十六七月二十八日生

曾祖開叙　祖孟禮　父友文　母陳氏

具慶下　弟珂　軒　轍　娶吳氏

應天府鄉試第七十七名　會試第二十二名

葉泰

貫雲南雲南後衛官籍浙江仁和縣人 府學生

治春秋字道亨行一年二十九二月十五日生

曾祖荀 祖琇 父在 母曾氏

重慶下 娶紀氏

雲貴鄉試第四十六名 會試第三百三十九名

孫鑾

貫直隸常州府武進縣官籍定遠縣人 府學生

治詩經字朝望行二年三十三十月二十五日生

曾祖寧 祖琥 父儼 母史氏

慈侍下 兄鏊 弟磐鍪鎣衡鎏應元龍元文元綱元 娶白氏

應天府鄉試第一百三名 會試第三百十七名

黃國光
貫山東東昌府臨清州民籍　州學生
治書經字尚賓行二年二十八二月初九日生
曾祖貴　祖英　父榮　母袁氏
慈侍下　兄國泰南京户部主事　娶王氏
山東鄉試第十三名　會試第八十八名

韋尚賢
貫福建泉州府南安縣軍籍　國子生
治易經字思肖行一年三十四二月十九日生
曾祖觀　祖璇璋　父祥　母呂氏　繼母柯氏
嚴侍下　弟庚　敦　侃　娶黃氏
福建鄉試第五十九名　會試第三百二十二名

呂綸　貫直隸揚州府江都縣民籍　縣學生

治易經字君言行三年三十二四月二十七日生

曾祖忠生員　祖安　父智壽官　嫡母錢氏　生母陳氏

慈侍下　兄紀　綖　娶殷氏　繼娶葉氏

應天府鄉試第一百二十七名　會試第二百七十六名

王瓚　貫直隸大名府浚縣軍籍　縣學生

治春秋字廷器行一年三十七八月二十一日生

曾祖仲禮　祖道淵　父選　母秦氏　生母趙氏

慈侍下　娶□氏　繼娶秦氏　曹氏

順天府鄉試第五名　會試第十五名

葉奇　貫福建福州府閩縣民籍　國子生

治禮記字弘偉行八年三十五八月初九日生

曾祖廣濟　祖顯祖　父堅訓導　前母鄧氏　嫡母林氏　生母李氏

慈侍下　兄綸　弟祜　尉　娶謝氏

福建鄉試第五名　會試第一百七十名

湯昇　貫貴州宣慰司民籍[illegible]　國子生

治詩經字伯元行一年三十七三月二十八日生

曾祖鏘　正[illegible]　祖應　父軫訓導　母趙氏　繼母韓氏

重慶下　弟邦鼎　[illegible]　娶易氏　繼娶盧氏

雲貴鄉試第三十[illegible]名　會試第一百六十六名

戴亢　貫福建福州府閩縣民籍　國子生

治禮記字師賢行四年三十八二月二十五日生

曾祖弘韶　祖昂刑部主事　父安　母林氏　繼母莫氏

慈侍下　兄京　亨　靜　弟文　元　娶倪氏

福建鄉試第八十四名　會試第一百八十六名

繆宗周　國子生

治易經字惟靜行二年二十五六月初五日生

曾祖玉　祖銘　父暐　母顧氏

具慶下　兄宗爵　弟宗　娶程氏

雲貴鄉試第二名　會試第一百八十八名

俎琚　貫河南彰德府磁州民籍　州學生
治詩經字佩章行一年三十三六月二十九日生
曾祖榮　祖紀　父昌　母李氏　繼母董氏
具慶下　弟瑤　環　珮　瑞　娶劉氏
河南鄉試第六十名　會試第一百八十四名

錢鐸　貫直隸揚州府通州軍籍　海門縣學生
治書經字振之行三年四十五十月十七日生
曾祖遂　祖忠　父威　母戴氏
嚴侍下　兄銳　鎰監生　娶李氏
應天府鄉試第四十一名　會試第一百四十五名

管律 貫慶府長史司軍籍直隸嘉定縣人 國子生
治書經字應韶行一年四十十二月二十八日生
曾祖鏜 祖與 父珣 前母鄒氏 母王氏
慈侍下 弟呂引禮舍人 娶王氏 繼娶劉氏
陝西鄉試第四名 會試第一百三十一名

仲選 貫直隸淮安府沭陽縣軍籍 國子生
治春秋字思舜行一年三十二正月二十九日生
曾祖昌太僕寺卿 祖孝知縣 父綉 母張氏 繼母尹氏
具慶下 弟遜 道 娶閻氏 繼娶郝氏
應天府鄉試第二名 會試第三百三十一名

龔大稔

貫直隸常州府武進縣軍籍 國子生

治詩經字[illegible]行五年二十七閏四月初四日生

曾祖禮洪 祖[illegible] 父天爵 母王氏

慈侍下 兄大有 大順 大經 大用 大倫 大振 弟大[illegible] 大綖 娶徐氏

應天府鄉試第五十一名 會試第八十四名

余文瑞

貫湖廣黃州府黃岡縣民籍 國子生

治書經字一麟行二年三十四三月初七日生

曾祖樾 祖詢 父本[illegible] 母余氏 繼母彭氏

永感下 兄文儀 文稹 文熏 弟文[illegible] 娶蔡氏 繼娶周氏

湖廣鄉試第五十五名 會試第二百五十三名

劉希稷 貫山東東昌府武城縣軍籍 縣學生

治書經字農卿行二年三十六三月初三日生

曾祖子俊 祖紹宗[illegible] 父璧[illegible] 母原氏 繼母李氏

具慶下 兄希[illegible] 弟希聚 希君 希望 希周 希曾 希崇 娶馮氏

山東鄉試第三十四名 會試第五十二名

華金 貫直隸常州府無錫縣民籍 國子生

治易經字子宜行一年四十三十月初二日生

曾祖守正義官 祖德義官 父智義官 母錢氏

具慶下 弟石 竹義官 木 娶孔氏

應天府鄉試第四名 會試第一百九十八名

皇帝制曰。朕惟自古
人君臨御天下。必
愼厥初。而為其臣
者亦未嘗不以愼
初之說告之。蓋國

家之治忽君子小人之進退世道之否泰其機皆繫於此。誠不可以不慎也。然觀之詩書所

載則亦不能無疑焉舜正月上日受終于文祖首察璣衡以齊七政而類禋望徧之並舉觀

天交神。庶政圖在
所先矣。異時月正
元日。格于文祖。諭
四岳。闢四門。明目
達聰。惟恐或後。且

進十二牧而歷咨之。豈聽言用人。又在所急歟。太甲元祀。祗見厥祖。伊尹明言烈祖之成德。

以訓于王。是天下之政。無大於法祖宗矣。高宗恭默思道、傳說告之、尤惓惓遜志時敏之務。

典學亦豈容緩歟。成王即政。周公作無逸。舉三宗以勸之。惟以畏天愛民為主。訪落一詩。乃

又以盡下情守家

法爲説。立政一書

又以三宅三俊爲

不可忽。終之無誤

庶獄爲重。意固各

有在歟。抑又有可
疑者。禹受命于神
宗不旋踵。會群后
誓師征苗。康王寧
循大下。大臣進戒

首以張皇六師爲
言。他務未遑。顧以
兵事先之。何歟。若
乃禹祇承于帝。有
精一執中之傳。湯

黜夏命。肴克綏厥
猷之任。武王勝殷
訪洪範于箕子。踐
阼授丹書于尚父
且退而几席觴豆

刀劒戶牖莫不有
銘則又萬世道學
淵源所自未可以
尋常政事目之也。
然則人君慎初之

道果孰看外於是
歟。漢唐宋以來其
君臣之間蓋無足
與於斯者然一代
之治功論議亦不

可泯。觀夫求端於
天之策。治審所尚
之跡。尚德緩刑之
書。蕩滌煩苛之奏
與夫先天要說之

十事。奉天罪己之一詔。元祐修德爲治之十要。淳熙謹始自新之十目。皆於初政深致意焉。

其與、十漸之慮。五始之義。二卿序進授策之戒。指歸所在。其果無大相遠歟。夫人事有本末

物理有始終。王道之施設。固有先後。端本所以治末。謹始所以圖終。施之宜先。則不可以少

後。皆治體所關甚
大。不可以茍焉者。
何衆、說不能以皆
一轍。朕奉
天明命。嗣承

祖宗大統。臨御以來。
釐革弊政。委任舊
臣。凡夫敬
天。法
祖。修德。勤政。求賢。納

諫。講學。窮理。節財愛民諸事。惟日孜孜。次第舉行。取無逸中嘉靖殷邦之一語。建號紀元。方

將體元居正。以求
儷美詩書所稱帝
王熙明之治。特進
尓多士于廷。咨以
慎初之道。尓多士

其尚酌古準今。稽
經訂史。明本末之
要。審先後之序。悉
意敷陳。用輔朕維
新之治

正德十六年五月十五日

臣楊維聰

臣對臣聞帝王之御天下也有治法有心法酌其因革制其緩急是以開天下之務立天下之綱是謂治法根於躬行原於心得使其出之而有本運於而不窮是謂心法治法不善則施為注措之間率踳舛錯必無以成治苟治法善矣心法或未端焉則科條雖具品式雖詳亦彌文粉飾而未必徵之實事勉強一時而不能持於悠久雖欲言治皆苟而已故心法存於內以為之本治法施於外以為之用本端而末治體立

而用行斯為治不易之常道也況人君臨御之
初天命眷顧方新人心觀望方切治忽否泰之
機胥此焉繫所以慎其初而圖其終者可不加
之意邪是故得心法而舉治法三代以上之所
以善治也心法不純而治法亦有所未備三代
以下之所以治不古若也然則
今日慎初之道奚有外於是二法哉欽惟
皇帝陛下睿哲天挺
仁孝夙成昔潛藩邸之時已繫元元之望一回
龍飛虎變御極當天宵旰孜孜勵精圖治任舊

之臣釐積習之弊天下之人莫不延頸舉踵觀
政聽風思見德化之成臣以草茅首蒙
賜對雖至愚陋不足仰承
休德而喜慶之深敢不披拾舊聞對揚
清問之萬一臣惟人君之治天下有機焉識治勢
者乘其機以為之則力不勞而功可成所謂機
者初是也蓋臨御之初好惡未著雖有邪佞之
臣卒然不敢售其姦唯左右觀望一有隙焉即
投以所好人君唯好之之狥也於是溺其所可樂
忘其所可懼而後彼得以肆天下之事將遂債

焉以至於不可爲誠自其初謹之不墮於小人之計小人亦洗心滌慮唯正之趨矣是故識其機者慎其初不慎其初不識其機也識其機則國家由之而治君子由之而進世道由之而泰不識其機則治者忽進者退泰者否矣其關係豈小小哉太甲初嗣位伊尹告曰今王嗣厥德罔不在初成王初營洛召公告曰若生子罔不在厥初生自貽哲命自古人君臨御天下率以慎初爲事臣之賢者亦未嘗不以慎初之說告之也臣　請稽經訂史因

聖制所及者條陳之舜初攝位在璿璣玉衡以齊七
政而觀天之道盡類上帝禋六宗望山川徧群
神而交神之禮舉及其即位詢四岳闢四門明
四目達四聰務進賢以決壅蔽之患且進十二
牧而歷以五事咨之務用人以賴輔理之益伊
尹作伊訓明言烈祖之成德以訓太甲蓋欲知
其欲敗度縱敗禮顛覆湯之典刑故以法祖為
說高宗以交脩命傅說說告之曰惟學遜志務
時敏厥脩乃來則以君德既脩然後大臣可舉
其職也周公作無逸以訓成王舉殷中宗高宗

祖甲畏天愛民之事欲其知小人之依以為祈
天永命之本成王朝廟聽政思先人顧託之重
乃作訪落一詩延群臣以盡下情率昭考以守
家法立政一書周公戒成王以任用賢才之道
始以宅俊為不可忽而終之以無誤庶獄為重
使王尤知刑獄之可畏必尊有司牧夫之任而
不以己誤之也若夫禹受命神宗不旋踵會群
后誓師征苗康王率循大卞召公進戒首以張
皇六師為言似若忽內而重外然聖人之治
罔不因外以繇內亦不因內以遺外有苗弗率

民棄不保禹承舜命安得不征之然班師振旅
誕敷文德卒格於干羽兩階之化周至康王三
葉矣承平既久玩愒隨之老臣愛君得不以張
皇六師為戒且張皇云者亦有國之常政軍伍
藏於井甸陣法講於蒐獮巡邊四征寓於巡狩
會同徼軍實閱器械嚴紀律而已非若後世守
文者以兵為諱喜功者則又窮兵黷武之為也
夫三代以上之君臨御之初莫不急所先務其
治法可謂舉矣至其心法之所存則尤致意焉
是故人心惟危道心惟微惟精惟一允執厥中

禹之祇承于帝也惟皇上帝降衷于下民若有恒性克綏厥猷惟后湯之自任於己也武王之始克商也訪洪範於箕子初一曰五行次二曰敬用五事次三曰農用八政次四曰協用五紀次五曰建用皇極次六曰乂用三德次七曰明用稽疑次八曰念用庶徵次九曰嚮用五福威用六極其始踐阼也又訪丹書於太公曰敬勝怠者吉怠勝敬者滅義勝欲者從欲勝義者凶退而几席觴豆刀劒戶牖莫不有銘夫武王之

皇極敬義即成湯之綏猷成湯之綏猷即禹之

中心法之相傳精神之相契有以開萬世道學之淵源立政非此無以爲立之之本宰事非此無以爲宰之之要愼敬之道莫有先於此者可以尋常政事目之哉自是而後若漢若唐若宋不足與於斯矣爲民上之君者不事詩書修玄默之德者崇尚黃老投戈講藝息馬論道矣溺心圖讖之說父事三老兄事五更矣專爲章句之習以至銳情經術而閉門慚德延禮文儒而聲色荒心曰心無邪曲[illegible]任智謀以成功曰亡道崇儒至指道學以爲黨心法之傳實[illegible]

有也故其為治法也或駁焉而不純或行焉
而有所不盡然當時群臣之論議則深有可采
者董仲舒對策於武帝之初曰王者求端於天
欲人君任德不任刑匡衡上疏於元帝之初曰
治天下者審所尚欲朝廷崇禮而敦讓宣帝刑
名繩下路溫舒以尚德緩刑勸之章帝承永平
後陳寵以蕩滌煩苛勸之漢之臣致意於新政
者如此惜乎其君無能以行之也玄宗開元之
初姚崇以十事要說曰政先仁恕曰不倖邊功
曰法行自近曰宦豎不與政曰罷賦外之征曰

戚屬不任臺省曰大臣接之以禮曰群臣得犯忌諱曰絕營造曰推監戒德宗奉天之難陸贄勸下罪己之詔曰天譴於上而朕不寤人怨於下而朕不知痛心靦面罪實在予使狂將悍卒聞之無不感激揮涕唐之臣致意於新政者如此情乎其語行之而不盡也呂公著當哲宗之初嘗上十事於朝則畏天也愛民也脩身也講學也任賢也納諫也薄斂也省刑也去奢也無逸也來春嘗光宗之初擬上十目於朝則講學以正心脩身以齊家遠便嬖以近忠直抑私恩

以抗公道明義理以絕神姦擇師傅以輔皇儲
精選任以明體統振綱紀以厲風俗節財用以
固邦本脩政事以攘夷狄寀之臣致意於新政
者如此惜乎元祐行之而不終淳熙踐之而未
上故當時之治卒莫能底於善也由諸臣之建
白觀之雖言人人殊其說亍漸五始三鄉序進
授策之戒指歸所在亦無大相遠者蓋魏徵十
漸之應以太宗初寡欲而今市駿馬初護民而
今用人力初役已而今縱欲初親賢而今近姦
初賤異物而今進難得初求士而今任好惡初

絶田獵而令事馳騁御達群情而令多聞闕御
求治而令恃勢御撫寧而令勞弊所以慮不克
終也五始之義則春秋之法必書元年春王正
月公即位者以元者氣之始春者四時之始王
者受命之始正月者政教之始即位者一國之
始荀況所謂三卿序進授策則天子即位上卿
進除患為福之戒而授一策中卿進慮事慮患
之戒而授二策下卿進敬戒無怠之戒而授三
策所以欲人君謹於始也蓋與諸臣之所建謹
始圖終者一矣夷考上下數千年間君臣圖治

之說既有所謂心法又有所謂治法而其爲治
法之說又或天或祖或君或民或內或外或彼
或此參然其不能齊何也天下之理固有大分
而於其中又各自有界限必析之有以極其精
而不亂然後合之有以盡其大而無餘故以心
法對治法言之心法人事之本也物理之始也
又於治法之中以事之大且急者對事之小且
緩者言之大且急者人事之本也物理之始也
君人者欲端本以治末謹始以圖終其施設之
序心法固所當先而治法之大且急者亦奚容

以惑後聖君賢臣唯有見於此厥執中綏猷洪
範丹書與夫典學之說修身講學之說正心齊
家之說直指乎心法之源而其他政事之說亦
就治法之中因其時之所宜據其勢之所至順
其理之所在指其大且急者言之也又冀必其
詞之同哉臣竊伏覩
陛下踐作之初責成輔臣樂納讜諫凡弊政之所當
革者革之無不盡凡舊章之所當遵者遵之無
不爲其於敍
天法

祖脩德勤政求賢納諫講學崇儉節財愛民諸事目
次第舉行之美勵精之實發於
即位之一節中興之志著於嘉靖之紀元凡在覆載
之間稍有血氣之屬莫不以殷宗周宣為望乃
猶不自滿假於
聖制之終曰方將體元居正以求儷美詩書所稱帝
王熙明之治而欲臣等悉意數陳以輔維新之
化即此觀之臣有以知
陛下必為殷宗周宣無疑矣臣之所以為獻者亦然
顧不失此機而已何則數年以來法度廢弛

下之事已極於弊

陛下一起而新之百官承德者日舊人心望治者方切此祈天永命之時可以有為之會也乘此機以為之矣去川決殆無難者在

陛下加之意而已近世人君孰無願治之心然或卒不逮焉豈皆力之不足亦其初之不慎也

陛下欲求慎初之道則心法治法烏可不加意哉是故精察一守以執中肇修人紀以綏猷遜志時敏以興學建皇極以叙九疇戒怠欲之勝敬義正心以修身脩身以齊家則心法得之矣克謹

天戒以畏天監于成憲以法祖親賢遠姦以致治蚤朝晏罷以勤政明明揚陋以求賢虛懷受言以納諫節財以制國用愛民以固邦本慎刑憲以卹人命詰戎兵以防邊患則治法得之矣有心法以為治法之本有治法以為心法之用本末不差先後有序而謂美不儷於詩書治不隆於熙洽豈理也哉慎初之道如是而已雖然非初之難而終之難也

陛下以慎初為問臣既陳之矣至於圖終之說臣敢復為

陛下言之易曰天行健君子以自強不息天之行也
一日一周而明日又一周未有一時之息健故
也唯其健也故四時萬物皆得順其序遂其生
使君子自強之健於天少不似焉則幾成而復
壞未久而已息何以成其治哉然所謂健者非
血氣之謂又以心爲之本
陛下誠求之心日御
經筵講求至理以學養此心整齊嚴肅主一無適
以敬存此心延見公卿親近儒臣隨侍便殿時
備顧問以君子維持此心則

聖心湛然義理爲之主而物欲不能奪其健即乾矣
又何不終之足患哉伏惟
陛下深留聖意以無失今日之機以無負今日之望
以無忝今日踐元之意則生民幸甚
宗社幸甚臣干冒
天威無任戰慄殞越之至臣謹對

臣陸釴

臣對臣聞帝王之爲治也固當謹天下之大幾
尤當圖天下之先務夫人君臨御之初理亂安
危之所關天下之大幾也大幾不謹則無以致
維新之治而弭未形之患其流弊將有不可勝
言者苟徒知大幾之謹而於施爲措置之間或
失其輕重緩急之宜錯然而舉冥然而行則天
下之先務日就於廢弛而吾方役役於其所不
急者雖弊精神勞智力亦何裨於治哉夫大幾
天下之難察而易忽者也先務天下之難操而

易失者也故善圖治者在知微善謹始者在知
要知微則必能明理亂之原識安危之故察其
大幾而謹之知要則必能審輕重之權酌緩急
之勢操其先務而圖之夫如是而後天下之事
無不理天下之治無難爲矣自古聖帝明王所
以致熙明之盛及我
國家所以久安長治匹休昭隆古而非漢唐宋之可
及者端豈外是哉欽惟
皇帝陛下以元聖之德膺曆數之歸
龍飛潛邸嗣登寶位天下臣民孰不翹首而望哉

目而觀以冀沾被新化乎而
陛下奮勵精明更張振飭舉十數年之遺斁積弊一
旦而蕩刷焉中外人心翕然歸之太平之治可
立致矣而猶不自滿足特進臣等於
廷俯賜
清問諄諄以慎初之道為言臣伏而讀之有以知
陛下求治之心之切矣臣雖至愚敢不敷陳一二以
對揚
休命乎臣聞人君猶天也天有四德元為之始即
位者人君之始也天道之運行也元氣一息則

四時忒而萬物不得其生矣人君之致治也不正其始則庶政隳而萬民不得其所矣易曰大哉乾元萬物資始乃統天謂天之正始也又曰大明終始六位時成時乘六龍以御天謂君之正始也正始之說非臣所謂謹幾之說乎蓋事有萌朕物有肇端治不生於治必有所以為治之先亂不生於亂必有所以為亂之原其來也甚微而易忽而其發也恒至於不可禦此幾之謂也況人君即位之初天命之去留未定人心之向背無常君子小人之進退方屬於觀望盡

止之間慎之則足以開治不慎則適以致亂此
其幾之所繫尤有大焉者顧可以少忽哉唐虞
三代之君無不致謹於是而當時爲之輔佐者
亦莫不以慎初之說進蓋曰幾之不可忽而已
試舉詩書所載者陳之舜當攝位之日首察璣
衡而七政以之齊類禋徧望而群祀無不飭蓋
觀天文神事之重者固不可緩也至於即位之
後詢岳闢門明目達聰以來天下之賢進十二
牧博咨治理以納天下之善蓋謹於用人政之
急者亦不容後也太甲祗見厥祖伊尹明言烈

祖之成德以爲訓豈非以纖欲之念潛萌而顛覆之行將作法祖所當先者高宗恭默思道傳說以遜志時敏之務爲勸豈非以荒野之遊方旋而甘盤之學幾廢典學不究終乎成王嗣位周公輔之無逸一書述三宗享國之道惟以畏天命勤民事爲主訪落一詩致延訪群臣之意迺以盡下情守家法爲說而立政一篇則又始之三宅三俊以明賢才之當用終之庶獄庶慎以明民命之當恤無非以幼冲之主易溺於怠荒故屢勤之訓時切於警戒耳乃若禹受命於

神宗而誓征有苗肆王率攜大下而召公勸以
張皇六師說者以爲位號命之始不爲平易安
靜之謀而乃急急於十有七年之遲殊不知苗民悖
逆天怒人怨勢不容以不征而康王繼承平玩
弛之後固宜先之威然後以肅其頹情不振之風
豈若後世務爲黷以殘其民者哉夫以古之帝
王同一致治之法同一求治之心其於慎初之
道宜無不同者顧事勢所遭不能無輕重緩急
之殊故見諸施爲亦因有先後彼此之異要之
甘所以急天下之先務以謹天下之大幾也與

時風動之休永賴之澤允德之克終殷邦之基靖文武之業綿長而不墜謂非其明效歟臣又聞之帝王之治其施之固有序而其出之必有本先後緩急之得其宜者序也躬行心得之根於內者本也序之說顯而易知本之說微而難究昔者禹陟元后舜之所以授之者不過精一執中之數言湯黜夏命誕告萬方首以克綏厥猷為己任武王訪洪範於箕子而皇極大中之道明則在於下車之初授丹書於尚父而敬怠義欲之辨嚴則在於踐阼之日且退而銘其几

席觴豆刀劍戶牖之屬以爲規戒警訓之具昔人所謂聞銘盤之風而興起者也數聖人以心法相授受以道義相講明言之若迂而不切而實爲聖學之淵源守之若約而易窮而實爲治化之根本是誠不可以尋常政事目之也自是而降言治者必曰漢唐宋惜乎當時之君德性近似者或溺於學力之不足學力可觀者或病於德性之未純其於帝王之所以講明而傳授者槩乎未之有得是以駁雜之政治徒拘於一時淺陋之事功相望於後世其不能追蹤

虞三代之盛何怪哉若其君臣之間一時議論或有關於治道之要而可以為慎初之助者不容少焉以漢言之求端於天之策推天道之陰陽以明德刑之先後董仲舒為武帝陳之矣而卒無救於酷吏之風窮兵之害豈多欲為累者不能用其言耶治審所尚之跡示朝廷之趨向以端風化之本原匡衡為元帝言之矣而卒無補於威令之衰國政之紊豈優柔不斷者不能果於行耶宣帝綜核太嚴刑法之尚有餘於是路温舒有尚德緩刑之書其所謂省法制而寬

刑罰真救時之急論也明帝苛察太甚而含弘
之度不足於是陳寵有蕩滌煩苛之奏其所謂
廣至德而奉天心真憂國之昌言也以唐言之
玄宗初政姚崇以十事要說曰政先仁恕曰不
倖邊功曰法行自近曰請寵貢獻曰戚屬不任
臺省曰近習不預政曰接下以禮曰批鱗犯諱
曰絕道佛營造曰以前代爲鑒卒至治成開元
刑罰幾措蓋有以致之也使帝能終用其言而
不忘則天寶之亂何從起耶奉天解圍德宗下
詔以罪己曰生於深宮而暗於國務曰上累祖

宗而下負烝庶曰天譴不悟而人總不知卒使強兵悍將鬪之涕泣蓋有以感之也使帝能常存是心而不失則建中之治寧止是耶以宋言之元祐初呂公著被召入對首陳為治之十要則所謂畏天也愛民也修身也講學也任賢也納諫也薄歛也省刑也去奢也無逸也異時掃除新法而光復至治老成持重之論其有裨於時政亦多矣淳熙間朱熹為崇政說書草奏自新之十事則所謂講學以正心修身以齊家遠便嬖以近忠直抑私恩以抗公道明義理以絕

神姦擇師傅以輔皇儲精選仕以明體統振紀綱以厲風俗節財用以圖邦本修政事以攘夷狄興時黨錮方禁而正學見黜道德義理之言其不容於時好可知矣夫自漢魏唐以至於宋上下數千餘年其君臣議論之可稱者僅止於是既又有言之而未用或用之而未盡者豈不深可慨哉又嘗觀魏徵十漸之疏則以太宗仁義之志漸不克終若所謂訪求珍怪役用民力縱欲以勞人遠正以近邪貴異物而作無益踈守遺而容覬倖以馳騁為樂事以細過詰群臣

窮兵遠裔而不恤役民勞弊而不知皆不克終之漸也何休五始之義蓋本諸春秋之旨所謂元者氣之始也春者四時之始也王者受命之始也正月者政教之始也即位者一國之始也荀況三卿序進之說則謂上卿進除害以爲福中卿進先事以慮患下卿進警戒以防禍皆於天子即位之始而旋之策也合三子之言而觀之十漸一疏惓惓以圖終爲慮五始三策皆若專於謹始者要之謹始正爲圖終之地而圖終實由謹始之功其與漢唐宋君臣之議論立言

雖殊指歸何嘗不同哉

陛下稽往牒總衆説以聚多士固知非徒試以記問之學也第欲臣等紬繹而折衷之擇其可行者以爲新政之助耳臣愚以爲人君一身百責攸萃天下之事豈能悉舉要在擇其所當先者圖之而已况

國家承大壞極弊之後害之當除者不知其幾也利之當興者不知其幾也於此不審其權之輕重酌其勢之緩急徒按古人之成迹而槩施焉將見政方舉於上而謗已生於下利未興於前

而弊已隨於後窺間伺隙者得以乘機而入觀
德望風者皆將束手而退矣豈臣之所望於
陛下者哉臣嘗究之詩書之所載參之歷代之議論
酌之當今之時宜以求所謂先務者誠不出乎
聖製所及敬天法祖修德勤政求賢納諫講學窮理
節財愛民數者而已夫是數者
陛下蓋已行之無餘矣臣請復論陳之竊惟人君其
尊無敵故無所畏其所畏者惟天彼肆意怠荒
者曰是不足畏耳臣願
陛下欽崇其道而不忽謹承其命而不違察災祥以

勵修省之誠慎政令以持恭順之道出入起居無非天則動靜語默無非天理則所以敬乎天者盡矣祖宗者創基業以遺後人萬世子孫當視以為法則彼逞志紛更者曰是不足法耳臣

願

陛下念不忝不忘之訓躬善繼善述之孝一令之布必遵成憲一政之施必由舊章不恃其聰明而輕為變易不逞其意見而妄為更張則所以法乎祖者盡矣德者致治之本德隆則治從而隆德汙則治從而汙蓋自古不易者臣願

陛下存省之功交修於動靜充養之力不間於顯微
端人正士爲吾德之資者親之惟恐或後
險壬爲吾德之害者斥之惟恐不嚴如是
有不修者未之有也勤者爲政之要一曰窮理
萬幾一身而總萬化誠不容自逸者臣
陛下未明而求衣不溺於宴安之欲日旰而退朝不
憚於煩難之苦日條天下之事而計其所當舉
者有幾所當廢者有幾日稽天下之人而審其
所當用者爲其所當去者爲其如是而政有不
理者未之有也賢才者國家之利器然必上有

好賢之誠而陛下有效用之忠臣願
陛下重爵賞以致其來委心腹以重其托每於科目
常選之外使天下郡縣皆得各舉其所知而又
咨詢博訪必期於薦舉之公拔擢推用不限於
流品之拘則天下之賢才無不群彙而集樂於
見用矣諫官者朝廷之耳目然必上有受諫之
明而後下有敢諫之勇臣願
陛下絕壅蔽以開其路容狂直以表其忠又於臺諫
章奏之外許天下臣民皆得自陳無隱言之可
用者既用之以誘其樂言之心其不可用者亦

懲之以作其敢言之氣則天下之忠直無一不[illegible]
風而起敢於進諫矣人主不務講學則無以[illegible]
致治之道而其所謂講學亦非徒以涉獵記誦
爲高者臣願
陛下游神於帝王之術篤意於聖賢之學載籍之所
討論者必關心法之精微儒臣之所啓沃者[illegible]
求道德之奧妙用心於內而不眩於外求得[illegible]
已而不循乎人庶乎其有裨焉人主不務窮理
則無以明天下之故而其所謂窮理亦非徒以[illegible]
荒唐幽怪爲尚者臣願

陛下聰明不施於無用格致惟謹其大端人倫庶物之宜察之必極其精土俗民情之變推之必欲其悉舍其華而必擷其實探其本而不遺其末庶乎其有得焉財者國之命脈也而用之恒苦撓不足是未有以節之耳臣願陛下敦朴素之行革華靡之風豪右之請求無厭必裁之以禁其貪冗員之尸素日盛必汰之以防其濫而又量出入以為節制之度嚴勾考以清費出之經則財日以豐而國之命脈不虧矣民者邦之根本也而撫之恒不能得其心亦未有

以愛之耳臣願
陛下軫念於黎元推恩於海隅西北之民瘵於力役
則輕徭以息之東南之民困於征求則薄斂以
蘇之而又慎循良之選以布其澤黜貪酷之吏
以除其害則民得其所而邦之根本日固矣由
是天下之先務無不舉而天下之大幾無不謹
所以凝天命收人心 轉移世道而成維新之化
者不在是乎雖然
陛下以慎初之道下詢臣亦以慎初之說復之然臣
復有深慮者焉蓋天下之事慎始則易克終恒

難詩曰靡不有初鮮克有終書曰厥德靡常凡有以亡故更張可喜之治識者方以爲憂而終始惟一之訓忠臣先事進戒謂克終之難也凡終之所以不克者其端有二曰志之不决力之不充是也志不決則疑心生力不充則怠心生疑心生則沮沮則爲而無成怠心生則弛弛則成而易敗故甘露之謀不就而肅淸之志遂衰符離之役一潰而恢復之意已荒此所謂疑心沮之也焚裘示儉者志侈於平吳之後連屏列箴者功隳於克蔡之餘此所謂怠心弛之也夫

數君亦英辟其初非不慨然有志於治而其終之弊一至於此疑怠之為害不亦甚可畏哉

陛下踐祚以來推心舊臣釐革弊政邇者詔令頒布裁冗官清近習罷無名之征弛不急之務利無不興害無不除非

陛下志之決力之充亦安能斷然行之無所顧慮哉然戒勅之歌嘗作於無虞之世賡阿之詠恒陳於有道之主自古君臣交相儆戒其道固如是耳况

陛下既聖而不自聖已治而求進於治此臣所以竊

敢過爲之慮志已決而恐其疑之或生力已充而懼其怠之或作惓惓以數君者爲戒豈亦憂治世危明主之意耶臣嘗反覆思之而得其故矣人主所以御天下者惟一心而已使其心之所存能純乎天理之正而無所謂私欲者參之則疑怠何從而生惟其心之汩於欲而未能純乎理也是以宴安之私不免膠固於其中讒佞之言得以搖惑於其外雖有英明果斷之資者亦不自知其疑怠之萌以至淪沒於荒淫驕惰之中而不可救此其勢則然也今

陛下誠欲純疑息之心以全始終之德以垂其大之
規亦於正心之道加之意焉耳正心之道無他
即
聖學衷所謂體元居正所謂敦重人道學之淵源是已
蓋體元則敬以仁存心而私意無所萌於內居
正則能端養此心而邪僻無以乘其外而又極
精一之訓以察此心之危微體綏猷之意以全
此心之降衷皇極之道求之洪範使不流於偏
倚敬義之戒之丹書使不溺於放肆自
大廷以至深宮臨御致祭自羣衆以至獨處而

隨時謹飭使中外瑩徹純乎天理之正表裏
洞達絕無人欲之私則道明於內而志之所向
者決疑心為之釋矣氣完於外而力之所施者
充怠心為之消矣疑心釋者行之所以益果也
怠心消者業之所以不衰也由是利之興必足
以垂無窮之澤害之除必足以防未然之患無
朝令而夕改無進銳而退速功成治定之後不
替於鼎革自新之始久安長治之計不變其勵
精圖始之規夫是之謂全始終夫是之謂悠久
大夫然後可以祈天命於無窮固民心於有永

開太平於萬世嘉靖之休貞有光於紀元之意
然明之治將無忝於詩書之稱而臣區區漢唐宋
俱陋下風矣臣學非博古知不通今仰承
聖問聊述愚衷冒以謹大幾急先務爲說而復以正
心之論終之誠若迂遠而不切者然帝王出治
之大本終亦不外乎是而臣愚平生之所得力
者亦不能舍之不言以負吾
君負所學也伏惟
陛下留神少垂采納焉臣干冒
天威不勝殞越之至臣謹對

一日 曾懋中

臣對臣聞帝王之為治固當先天下之急務尤當正天下之大本急務不先則設施無序非所以語致治之法矣大本不正則綱紀無主非所以語為治之道矣然徒知正大本於臨御之初而務之急者或緩焉而不之圖則利必不興害必不除而天下之治何由而善其始徒知先急務於更化之日而本之大者或忽焉而不之講則道必不弘化必不洽而天下之治曷自而保其終此古之明君賢相所以孜孜汲汲乎天下

之急務而盡行之以端正始之謨而遐邇清循

求天下之大本而脩正之以清出治之源[illegible]敷

恭惟

皇帝陛下英明天縱睿智夙成臨御[illegible]固已爲人

望於

藩邸之時而天下文明則又欽[illegible]

御極之日搜煩剔蠹海宇更新天下之急務固無不

理矣端本澄源

朝廷清穆天下之大本又無不正矣乃於

萬幾之暇特進臣等于

廷降賜

清問舉自古以来人君新政之事而俯求今日為

治之道大哉

王言盖不自滿假詢于芻蕘之盛心也臣雖愚陋敢

不殫竭心思以奉揚

休命於萬一乎臣聞天下之事必有其初人君之

治必慎其初伊尹之告太甲曰慎終于始召公

之告成王曰知今我初服盖言初之不可以不

慎也然人君之嗣位承重熙累洽之後者易為

功襲沉疴積瘵之後者難為力因仍於承平之

日者無所事而求治於天下多事之日非奮發
有為則不足以感人心而成治化也臣嘗考之
大舜受堯之禪垂拱無為敵攝位即位之初惟
拳拳乎觀天文神詢岳咨牧之事而不敢緩太
甲嗣位之初祗德弗類故伊尹進戒之語諄諄
乎烈祖成德肇修人紀之事而不容已高宗諒
闇而傳說有典學之言凡六遜志時敏所以學
于古訓者無不至也成王即政而周公有無逸
之訓凡夫畏天愛民所以監于先王者無不盡
也訪落之章則欲紹[illegible]訪群臣以盡下情率時昭

考以守家法其成王念一國家之多難而適紹夫武王乎立政之告則欲克知灼見以盡宅俊之賢罔兼罔知以重獄慎之職其周公以任用之當謹而上戒夫成王乎乃若大禹受命于神宗而即有群后之會非好兵也實以三苗之弗順固當奉天命以興問罪之師召公進戒于康王而惟欲戎兵之詰非尊武也實以宴安之可慮固當奮武威以防陵遲之漸凡若此者何莫而非先天下之急務耶臣又考之帝舜授位之時推帝堯之所以相傳者而告大禹則曰人心惟

危道心惟微惟精惟一允執厥中是言也乃千
聖相傳心法之要成湯受命之始推上天之所
以立君者而告萬方則曰惟皇上帝降衷于下
民若有恒性克綏厥猷惟后是言也實帝王代
天立極之道武王勝殷而他務未遑汲汲乎求
丹書之受皆致謹于彝倫敬義之旨凡席觴豆
之銘刀劍戶牖之銘皆致切于治心脩身之義
凡若此者何莫而非正天下之大本耶降及後
世若仲舒告武帝以求端之說則欲法天道之
陰陽以為德刑之先後匡衡告元帝以審尚之

訟則欲崇禮讓于朝廷以成教化于天下溫舒尚德緩刑之疏以宣帝有急刻之風也陳寵蕩滌煩苛之奏以章帝承嚴切之後也玄宗久安生侈姚崇進十事於同州召見之時所謂政先仁恕不倖邊功之數語其大旨固有在矣德宗流離播遷陸贄啟悔過於奉天罪已之詔所謂天變不悟人怨不知之二言其大體固可知矣呂公著之告哲宗則畏天愛民脩身講學任賢納諫薄斂省刑去奢無逸也之十事者皆新政之當務朱熹之告孝宗則講學以正心脩身以

齊家遠佞嬖以近忠直抑私恩以抗公道明義理以絕神姦擇師傅以輔皇儲精選任以明體統攬綱紀以厲風俗節財用以固邦本脩政事以攘夷狄也之十要者皆新政之切務君夫魏徵十漸之慮所以為太宗不克有終之規何休五始之說所以著人君體元居正之義而上卿授除患為福之策中卿授先事慮事先患慮患之策下卿授儆戒無虞之策乃荀卿所以極言謹始之道也夫先聖後聖其治不同明君良臣其語不一揆先天下之急務正天下之大本

哉洪惟我
太祖高皇帝膺天眷命用夏變夷
太宗文皇帝肅靖邦家光前裕後其於古帝王相傳
之道固已身體而力行之矣
列聖相承益隆至治肆我
皇上即位之初
渙號一頒而老黎有扶杖之感
舊章畢舉而田野興鼓舞之歡天下之大利固無
不興天下之大害固無不去矣而又
宅憂思道不忘恭默之誠

建號紀元特取嘉靖之語於臣僚之章疏賜施行於容物之舊臣極隆委任凡夫舉天法祖修德勤政求賢納諫講學窮理節財愛民之事推行不倦纖悉無遺焉臣知陛下之心即堯舜禹湯文武之心祖宗列聖之心也然臣於此竊有獻焉詩曰靡不有初鮮克有終陛下今日之治固將跨帝王而上之矣然治極而弛理有固然志滿而驕勢所必至伏願

思慎終于始之規鑒漸不克終之轍勿以急務為
已行而天下之大本不加之意勿以盛治為已
致而君人之大道不究其極常存敬畏不敢荒
寧知天監之在上而顧諟惟勤思
成憲之當遵而率由不怠競業於
萬幾之重恪勤乎一德之修求賢若不及而毋謂
人不已若納諫如轉圜而毋謂人不我從愛惜
財用而不盡人之財懷保小民而不盡人之力
而又日親
便殿延訪儒臣能自得師好問不倦講明乎精一

之訓求盡乎綏猷之責則自古聖明之治固於
陛下而見之矣然究其本則在於
陛下之一心耳夫心者身之主也人君一心攻之者
衆苟非涵養之功深操存之力熟則聲色臭味
游衍馳驅土木之華貨利之殖易以投之而本
體汩矣臣願
陛下留神清穆置處淵默講學以養之主敬以存之
親近君子以維持之不惑於玩好之末不遷於
視聽之私使至虛之體恒足以爲萬事之主至靜
之用足以應萬機之務則清明廣大平正中和

以之明理而物理無不明以之制事而人事無不當可以增光

祖宗可以匹休帝王詩書所稱不得專美於前矣伏

願

留神省覽則天下臣民不勝幸甚臣無任戰慄之至

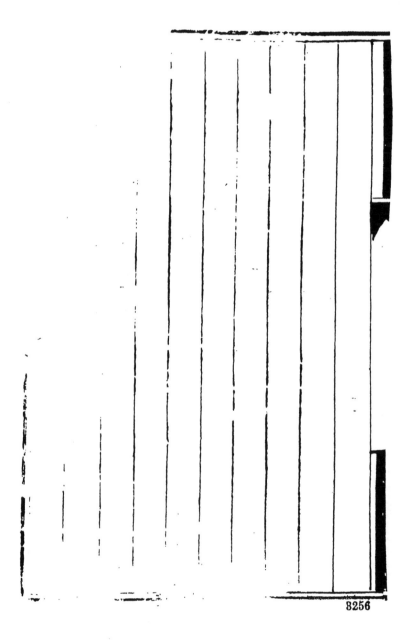

士生于王國宣王之中興也
詩人歌之亦曰生甫及申天
人之相感非偶然者南畿我
聖祖肇基之地也維時佐命元勳
相與遏亂畧致太平者大率
多東南之產蓋與文之多士
一國者同

皇上潛邸握符傳序而海內
晏然六府順叙百嘉鬯遂惟
天實啓之
大號初渙遐邇奮起嚮風承德
以後為善休光盛烈無讓周
宣矣矧茲
紀元取士之始山川出雲之期

其必有異才者應時而出以
佐
維新之治若申甫之于周乎且
氣之感也必於其類多士生
于王國佐命產于東南以是
徽之安知若人者不出于南
畿之選邪夫崧高烝民之詩

所以美宣王也他日有頌
主上治理之成功而及其效忠宣
力之士所謂如申如甫者果
出于今日南畿之選豈非主
司之所願望者哉臣愚獲侍
講幄仰見
皇上虛已求賢

德意甚至故於斯錄之成也僭

有所述既以得士為

賀且以為南畿之士風焉

奉直大夫左春坊左諭德兼

翰林院侍讀董玘謹序

嘉靖元年應天府鄉試

提調官

嘉議大夫應天府府尹王震 威遠直隸邢臺縣人 癸丑進士

中順大夫應天府府丞寇天叙 子惇山西榆次縣人 戊辰進士

考試官

奉直大夫左春坊左諭德兼翰林院侍讀董玘 文玉浙江會稽縣人 乙丑進士

翰林院侍讀承直郎翟鑾 仲鳴錦衣衛籍山東諸城縣人 乙丑進士

同考試官

直隸永平府儒學教授范軾 敬之四川巴縣人 戊午貢士

湖廣岳州府澧州儒學學正范維恭　以莊福建長樂縣人　丙子貢士

順天府薊州遵化縣儒學教諭黃敏　秉仁貴州興隆衛籍劍州廣[illegible]人　甲子貢士

直隸廣平府雞澤縣儒學教諭李寧　應坤廣東東莞縣人　丁卯貢士

河南開封府陳留縣儒學教諭王思仁　體元福建閩縣人　癸酉貢士

陝西西安府同州郃陽縣儒學教諭孫璵　季珍山西榆次縣人　癸酉貢士

江西廣信府儒學訓導張資　惟學廣西桂林中衛人　己卯貢士

湖廣德安府孝感縣儒學訓導吳宗元　子春江西金谿縣人　丙子貢士

福建建寧府建安縣儒學訓導黎究　以資廣西蒼梧縣人　癸酉貢士

監試官

南京江西道監察御史楊朝鳳 應時陜西安化縣人 辛未進士

南京雲南道監察御史陶儼 時莊浙江秀水縣人 甲戌進士

收掌試卷官

承德郎應天府通判夏玄 文淵濟州衛官籍 戊午貢士

印卷官

承德郎應天府通判呂言 伯時浙江秀水縣人 官生

儒林郎應天府推官趙儀 廷表雲南太和縣人 辛酉貢士

受卷官

應天府溧陽縣知縣湯廸 仲卿四川潼川州人 辛巳進士

南京羽林前衛經歷黃斌 德威福建連城縣人監生

彌封官

應天府溧水縣知縣何東萊 希賢四川瀘州人甲子貢士

南京府軍左衛經歷陳湏孝 啓忠福建莆田縣人官生

謄錄官

應天府江浦縣知縣宋文載 道夫浙江淳安縣人丁卯貢士

應天府六合縣知縣林幹 克貞福建懷安縣人甲子貢士

南京金吾前衛知事王文瑞 岐鳳浙江仁和縣人監生

對讀官

應天府句容縣知縣李應春 元之湖廣永興縣人甲子貢士

南京興武衛經歷張璟 孟瑩江西雩都縣人監生

巡綽官

明威將軍南京神策衛指揮僉事王雲鵬 志遠直隸鳳陽縣人

明威將軍南京鷹揚衛指揮僉事盧潤 天澤直隸崑山縣人

搜檢官

武畧將軍南京濟川衛副千戶陳璽 國符直隸江陰縣人

武畧將軍南京留守左衛副千戶楊玉 廷璽直隸滑縣人

昭信校尉南京留守中衛百戶陳福 天祐直隸興化縣人

昭信校尉南京留守左衛百戶朱良　廷臣直隸當塗縣人

供給官

徵仕郎應天府經歷司經歷史伯敏　學之浙江餘姚縣人官生

承德郎應天府上元縣知縣周秀　公全山東歷城縣人壬子貢士

承事郎應天府江寧縣縣丞王震　敬修湖廣通道縣人監生

修職郎應天府上元縣主簿戴鑑　克明江西德化縣人吏員

修職郎應天府江寧縣主簿張綸　理之山東靈山衛人監生

登仕佐郎應天府龍江宣課司大使李肅　敬夫福建莆田縣人吏員

將仕佐郎應天府江東巡檢司巡檢鄧鐄　文瑊直隸河間府滄州人吏員

應天府江寧縣大勝驛驛丞張琦 廷珎山西馬邑縣人承差

應天府句容縣龍潭水馬驛驛丞徐子价 孟俅浙江餘姚縣人承差

應天府江浦縣江淮驛驛丞施博 守約陝西咸寧縣人承差

應天府江浦縣東葛城驛驛丞孫葵 忠甫山東陽穀縣人承差

第壹場

四書

知之者不如好之者好之者不如樂之者

天地之道可一言而盡也其爲物不貳則

其生物不測

大人者不失其赤子之心者也

易

内陽而外陰内健而外順内君子而外小

人

利貞久於其道也天地之道恒久而不已
也利有攸往終則有始也
變化者進退之象也剛柔者晝夜之象也
六爻之動三極之道也
理財正辭禁民爲非曰義
書
天叙有典勑我五典五惇哉天秩有禮自
我五禮有庸哉同寅協恭和衷哉
有言逆于汝心必求諸道

我受命無疆惟休亦大惟艱
雖畏勿畏雖休勿休惟敬五刑以成三德

詩

赳赳武夫公侯腹心
孔惠孔時維其盡之子子孫孫勿替引之
文武受命召公維翰無曰予小子召公是
似肇敏戎公用錫爾祉釐爾圭瓚秬鬯
一卣告于文人錫山土田于周受命自
召祖命虎拜稽首天子萬年虎拜稽首

對揚王休作召公考天子萬壽

商邑翼翼四方之極赫赫厥聲濯濯厥靈

春秋

祭公來遂逆王后于紀桓公八年紀季姜

歸于京師桓公九年天王使毛伯來錫

公命文公元年天子使召伯來賜公命

成公八年

晉陽處父帥師伐楚以救江文公三年吳

伐我哀公八年

取汶陽田成公二年　叔孫僑如帥師圍棘

成公三年

公會晉師于瓦定公八年

禮記

以陰陽為端故情可睹也

和故百物不失節故祀天祭地

其為人也溫柔敦厚詩教也疏通知遠書

教也廣博易良樂教也絜靜精微易教

也恭儉莊敬禮教也屬辭比事春秋教

也

是故君子議道自己而置法以民

第貳塲

論

人主之學以明理為先

詔誥表內科一道

擬漢弛利省費以振民詔文帝六年

擬唐以陸贄同平章事誥貞元八年

擬

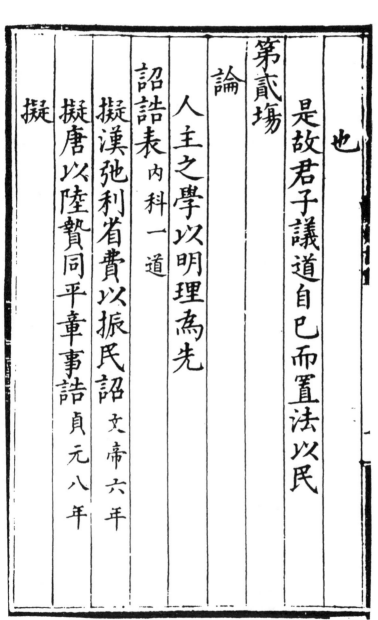

賀

躬耕耤田表

判語五條

增減官文書

人戶以籍爲定

禁止師巫邪術

縱放軍人歇役

修理橋梁道路

第叁場

策五道

問我

太祖高皇帝繼天立極訓誥昭布于天下者其爲書多矣若資世通訓一書自君臣以至士農工商皆有訓戒而首以君道爲言其目凡十有八曰儉曰素曰勤曰敬曰祀曰戒曰親曰内曰外曰孝曰慈曰信曰仁曰智曰勇曰嚴曰愛曰以時蓋自古言君人之道者莫詳於此豈非以

其
躬行心得之餘爲
聖子神孫萬世法者乎顧猶不自滿足
親灑宸翰序于篇端歷述所以弗敢自寧者
大哉
皇言其垂訓之深意固未易窺測亦可思而求
之歟
聖天子嗣統之初法
祖爲治樂受讜言諸士子佩服

聖訓久矣其鋪張而揚厲之將以轉聞于
上
問三代而下享國久長者莫如漢唐宋然
其間禍變亦多矣其甚者漢則七國唐
則藩鎮宋則夷狄考其安寧無事之時
蓋無幾也我
國家承平今百五十餘年四海乂安雖有干
紀于疆場弄兵于潢池窺伺于藩屛者
皆不旋踵而底定自昔治平之世未有

若我
國家之盛者也敢問其所以致此者其道何
由論者以爲我
祖宗德澤之涵濡者深法度之維持者備卜世
之長將與天無極是固然矣不知
今日之所宜遠慮而豫防之者其亦別有說
乎請敬陳之毋忽
問窮經所以致用而世儒以經用世者多
矣宋歐陽子獨謂漢之學者各守其經

以自用是以政理文章後世莫及以今考之或有未然姑舉其大者言之治春秋者號稱大儒而治國溺於災異說詩者當世少雙而立朝陷於阿附明乎易者卒用以亡身受尚書者徒取乎青紫政理固如是乎賦子虛者或譏其曲終而奏雅著史記者或詆其是非頗謬於聖人奏洪範五行傳而或議其不知義命之歸著太玄法言而或論其非聖作

經之僭文章固如是乎之數子者皆漢
儒之巨擘而政理文章猶有可議如此
況其下乎豈其窮經之力有未純抑尚
論者論道之嚴固如是乎自漢而下唐
以明經取士宋以經術用人政理文章
具在可考而以爲不及漢者何居豈其
專門之業不逮於古人耶抑所用非所
學而然耶諸士子通經學古抱藝而来
行有用世之責者矣盍極言之以觀所

蘊

問楊墨之害甚於申韓佛氏之害甚於楊墨聖賢者身任斯道之責固有不得已而辯者矣文公朱子又著為雜學辯者其人皆當世之顯聞者此豈楊墨佛氏比哉而辯之不遺餘力若其害反有甚焉者其故何歟至其所為辯者或以易解或以大學或以中庸或以老子皆即其成書而歷數其失雖不可悉舉然其

大指亦有可言者歟夫易與學庸皆儒書也毫釐之差千里之謬辨之固不容以不力若解老子者又何以辨之歟且老子者以雜學目之可也解易與學庸而亦謂之雜歟諸士子當道學大明之後於所謂雜學者宜無所惑矣試以平日所嘗究心者告我

問先王任德以崇愛立刑以明威二者固不可偏廢也觀帝舜攝位首誅四凶皐

陶陳謨五刑五用刑之用遠矣哉而孔子曰道之以政齊之以刑民免而無恥然則先王不足法與三代而下明於治國者如鄭之子產乃鑄刑書雖以叔向之言而不為止達於治道者如漢之崔寔亦著政論而仲長統以為人主宜置諸座右然則孔子之見顧二子之不若歟且如二子之論似刑法可以致治矣何後世之君刑名繩下者反開國家之

釁由孔子之言似德教可以除殘矣何
後世之君寬洪恭儉者反爲基禍之主
孔子曰政寬則民慢慢則糾之以猛政
猛則民殘殘則施之以寬寬猛相濟政
是以和必如是而後可庶幾乎然又有
疑於孔子之言者抑有其説乎願折衷
之以裨
國家獮教之意

中式舉人一百三十五名

第一名華鑰　無錫縣人監生　詩

第二名陳瑭　浙江建德縣人監生　易

第三名張激　鎮江府學生　書

第四名顧承芳　鳳陽府學生　禮記

第五名杜炳　鳳陽縣學生　春秋

第六名趙磬　長洲縣學生　易

第七名徐階　華亭縣學生　詩

第八名夏允中　松江府學生　書

第九名潘恩　上海縣學生　詩

第十名孫經　鎮江府學生　易

第十一名余鏞　婺源縣學附學生　書

第十二名許琯　太平府學生　詩

第十三名諸邦憲　崑山縣學增廣生　易

第十四名沈天麟　江陰縣學生　詩

第十五名盧蕙　淮安府學生　詩

第十六名汪鑾　應天府學生　易

第十七名　陳堯　通州學生　詩

第十八名　楊世賢　華亭縣學附學生　禮記

第十九名　李弘　江西廣昌縣人監生　書

第二十名　許百朋　徽州府學附學生　春秋

第二十一名　胡鳴鸞　崇明縣學生　易

第二十二名　陳鳳　鎮江府學生　書

第二十三名　金清　應天府學附學生　詩

第二十四名　徐槐　宣城縣人監生　易

第二十五名　黃福　休寧縣學附學生　春秋

第二十六名　汪漢　懷寧縣學生　易
第二十七名　袁稹　江浦縣學生　詩
第二十八名　薛甲　江陰縣學增廣生　書
第二十九名　郟鼎　太倉州學生　詩
第三十名　龔轅　太倉州學生　易
第三十一名　葉金　武進縣學生　詩
第三十二名　沙稷　儀真縣學生　書
第三十三名　陳鏞　崑山縣學生　易
第三十四名　謝衮　安慶府學生　詩

第三十五名　陳熺　浙江餘姚縣人監生　禮記
第三十六名　王瑛　無錫縣學附學生　書
第三十七名　葛鼎　嘉定縣學生　詩
第三十八名　石英中　上海縣學生　易
第三十九名　張珪　太倉州學增廣生　詩
第四十名　浦南金　嘉定縣學生　易
第四十一名　王希喆　太和縣學生　書
第四十二名　閻大祥　贛榆縣學生　詩
第四十三名　華察　無錫縣人監生　易

第四十四名 吳蓂 江陰縣學附學生 詩

第四十五名 汪瑋 徽州府學生 春秋

第四十六名 胡師賢 含山縣學生 書

第四十七名 王鏜 揚州衛籍監生 詩

第四十八名 徐倘 崑山縣學附學生 易

第四十九名 張情 崑山縣學附學生 詩

第五十名 俞大有 浙江宣平縣人監生 書

第五十一名 陳交 常熟縣學生 詩

第五十二名 陸垹 浙江嘉善縣人監生 易

第五十三名童宣　太平府學生　書

第五十四名黃河　通州學生　詩

第五十五名潘珪　建平縣人監生　禮記

第五十六名徐瀚　寧國府學生　易

第五十七名顧津　常熟縣學生　詩

第五十八名毛衢　吳江縣學生　易

第五十九名蘇孚來　常熟縣學增廣生　詩

第六十名陸瑚　太倉州學增廣生　易

第六十一名周表　太倉州學生　詩

第六十二名 張國維 定遠縣學生 書

第六十三名 唐純 泰州學生 詩

第六十四名 張源 蘇州府學生 易

第六十五名 陶師文 浙江會稽縣人監生 春秋

第六十六名 宋錦 和州人監生 詩

第六十七名 錢文爵 無錫縣學附學生 書

第六十八名 孫良德 通州學生 詩

第六十九名 張銓 吳江縣人監生 易

第七十名 龔大綸 常州府學增廣生 詩

第七十一名　鍾暘　天長縣學生　易
第七十二名　鄭淮　應天府學生　書
第七十三名　王可立　上海縣學生　詩
第七十四名　陳策　吳江縣學增廣生　易
第七十五名　葉份　徽州府學附學生　禮記
第七十六名　邢埴　太平府學生　詩
第七十七名　盛廷蘭　鎮江府學增廣生　書
第七十八名　唐溥　太倉州學增廣生　詩
第七十九名　孫世祿　來安縣學生　易

第八十名　吳希賢　宣城縣學生　詩
第八十一名　程光顯　黟縣學生　書
第八十二名　呂德　蘇州府學增廣生　易
第八十三名　陸堂　常熟縣學生　詩
第八十四名　茆觀　寶應縣學生　書
第八十五名　陳有容　休寧縣學生　春秋
第八十六名　江鼎　青陽縣學增廣生　詩
第八十七名　方鵬　懷寧縣學生　易
第八十八名　唐稷　上海縣學增廣生　詩

第八十九名　董子儀　上海縣學增廣生　書

第九十名　潘邦相　浙江於潛縣人監生　易

第九十一名　楊東　太平府學生　詩

第九十二名　李昌章　華亭縣學附學生　書

第九十三名　李椿　蘇州府學增廣生　易

第九十四名　張一鳳　霍丘縣學生　詩

第九十五名　黃約　歙縣學生　禮記

第九十六名　陳元顧　松江府學增廣生　書

第九十七名　吳子孝　蘇州府學附學生　易

第九十八名 張文鳳 常熟縣人監生 詩
第九十九名 吳慎 宜興縣學增廣生 書
第一百名 袁仁 全椒縣學生 詩
第一百一名 李觀 南京錦衣衛儒士 易
第一百二名 陳桐 泗州學生 書
第一百三名 紀鰲 臨淮縣學生 詩
第一百四名 李良楨 安慶府學附學生 易
第一百五名 劉章 沛縣人監生 詩
第一百六名 聶瑭 潛山縣學生 詩

第一百七名　王希成　溧水縣學生　易
第一百八名　張鶇　上海縣學生　詩
第一百九名　王爚　崑山縣學生　易
第一百十名　童頫　南京豹韜左衛儒士　詩
第一百十一名　王暄　興化縣學生　易
第一百十二名　徐充　六安州學生　書
第一百十三名　高應奎　常州府學增廣生　詩
第一百十四名　沈震　興化縣學生　易
第一百十五名　尤敷　崑山縣學生　詩

第一百十六名　孫堂　華亭縣人監生　詩
第一百十七名　王世顯　吳縣學增廣生　易
第一百十八名　董鉉　涇縣人監生　詩
第一百十九名　陳澍　合肥縣學生　書
第一百二十名　李宜　華亭縣學附學生　詩
第一百二十一名　馬承學　蘇州府學附學生　易
第一百二十二名　陳訓　鹽城縣學生　詩
第一百二十三名　程容　績溪縣學生　書
第一百二十四名　華周　常熟縣學生　詩

第一百二十五名　王珊　浙江蘭谿縣人監生　易

第一百二十六名　趙鑒　江陰縣學附學生　詩

第一百二十七名　汪淳　安慶府學增廣生　詩

第一百二十八名　王僎　江都縣學生　書

第一百二十九名　蔡乾　浙江德清縣人監生　詩

第一百三十名　馬奇　長洲縣學增廣生　易

第一百三十一名　張偉　應天府學附學生　詩

第一百三十二名　孫鍾　合肥縣學生　書

第一百三十三名　劉鑾　靖江縣學生　詩

第一百三十四名卞嵩　江都縣人監生　易
第一百三十五名孫繼祿　上海縣學增廣生　詩

第壹場

四書

知之者不如好之者好之者不如樂之者

孫經

同考試官訓導黎　批　塲中作此題者多腐冗可厭超脫凡格僅見此篇

同考試官教諭孫　批　兩不如一直說下而歸重於樂作者多失之此篇語有斟酌得聖人本意是用錄出

考試官侍讀翟　批　詞義精確說樂字尤有根據

似亦學之有得者

考試官左諭德董　批　語簡而盡是作論語義法

論人之於道貴於有所得焉夫知而好好而樂斯爲有得矣而人豈可以不自勉哉何則人之於道也禀賦有高下學力有淺深故有知之者焉有好之者焉有樂之者焉蓋此道之在人固有由之而不知者知之則於道有所見矣然而未好也若夫好之者則真知道之切於人而不

可須史離也必欲道之有諸已而不使終食違
也毅然自信凡天下之可好者無以奪之矣豈
徒知而已哉故曰知之者不如好之者夫好之
則於道將有得矣然而未樂也若乃樂之者則
與道為一無所存而自不亡也以道為體有所
施而無不利也充然自得凡天下之可樂者不
足以喻之矣豈但好而已哉故曰好之者不如
樂之者吁知不如好好固原於知也知而不能
好則亦知之未至耳好不如樂樂固生於好也

好而未及乎樂則亦好之未至耳此學者所以
貴於自強而不息也歟抑夫子嘗曰我未見好
仁者又曰未見好德如好色者夫好之者猶未
見其人而况樂乎蓋其於門人也獨以不改其
樂許顏子而其自謂也亦曰樂在其中然則樂
豈易言哉有志於道者當尋孔顏樂處

天地之道可一言而盡也其為物不貳則
其生物不測

華鑰

同考試官訓導張　批　題本難作場中率多
牽合求其精切至到如此篇者絶少

同考試官教諭李　批　生物不測正見不貳
妙處作者多欠體貼此篇平平說去而血脉自貫亦
善言天道者

同考試官學正范　批　天地之道本於誠頗能
言之但講一言及不貳處語多重複殊失本旨此作簡
潔明暢深得子思子立言之意可以錄矣

考試官侍讀翟　批　本朱註成文而分合精密是之取爾

考試官左諭德董　批　不貳處最難下語場中得此亦難矣

中庸推原天地之道以一誠而妙萬物也蓋天地之道誠一不貳者也不貳則不息而其生物之妙豈可得而測哉中庸二十六章發明天道至此謂夫聖人至誠無息之功用固同於天地矣獨不觀諸天地之道乎彼天之高遠無垠其道若未易以形容矣地之博厚無窮其道若不可以擬議矣然究其極則一言可以盡之焉一言者何誠是也凡物一則誠貳則妄天地之爲

物也不貳而已矣是故天之為天人但知其物資以始也而不知為之樞紐者惟一元之貫徹亘古今而未始有物以雜之雜則貳矣地之為地人但知其物資以生也而不知為之根抵者本一理之流行徹始終而未始有物以間之有間則貳矣不貳如此非誠乎惟誠也故混兮闢兮而其機不息一變一合而其化無窮覆幬之下物何多也莫不資之以有始而所以始之者莫測其所以然矣持載之上物何多也莫不資

之以有生而所以生之者莫測其所以然矣夫生物之不測本於不貳如此然則天地之道一誠之外豈有他哉謂之曰可一言而盡信乎其盡之矣聖人至誠無息之功用不於此而益可見乎大抵天地聖人之道一而已矣天地之博厚高明悠久者此誠也聖人之悠遠博厚高明而配乎天地者亦此誠也中庸於此既反覆推明之下文復引詩而直指天之所以為天文王之所以為文者於乎此固聖門傳授極致之徹

言也與

大人者不失其赤子之心者也

張源

同考試官訓導黎　批　揭書出題初不擇難易

場中有此亦可錄也

同考試官教諭孫　批　認理明白而詞足以發

之可取

考試官侍讀翟　批　詞理充粹

考試官左諭德董　批　能道孟子之意

大人之所以爲大人亦惟全其心之初而已蓋人之心莫良於赤子也而失之者多矣不失其初其斯以爲大人乎孟子之意如此今夫鈞是人也有所謂大人者其知則無所不知而明睿以通微其能則無所不能而貞固以達變居天下之廣居立天下之正位行天下之大道蘊之爲德行者若是其大也動而爲天下道行而爲天下法言而爲天下則發之爲事業者若是其大也然其所以爲大人者豈有他哉惟不失其

赤子之心焉耳盖赤子之心純一無僞是心之本然也人皆有之而其既長也私意萌而純者以雜人欲動而一者以離斯失之矣大人則本體之得乎天者不虧于形生神發之後本真之具于我者不鑿于知誘物化之餘利欲交乎前不識不知而其心之純一者猶夫赤子也情僞感乎外何思何慮而其心之純一者猶夫赤子也是以充之而至于無所不知虛靈之地百物皆遍矣廓之而至于無所不能神明之舍萬物

皆備矣所以為德行者在是所以為事業者在是然則大人者豈誠有異於人哉抑赤子之心程子謂其已發而未遠乎道耳大人之心如明鏡止水豈赤子之心所能盡哉要之大人之心所以然者正以此心為之基而涵養擴充以極其全耳古者小學自其能食能言即有所教易于蒙也以養正為作聖之功然則欲為大人者當於其所養慎之

易

利貞久於其道也天地之道恒久而不已也利有攸往終則有始也

趙磬

同考試官訓導黎　批　朱子作本義獨簡略者以義理備於程傳故耳終始之理傳中明甚今治經者不復知有傳往往并本義之說而失之録此作亦以警經生之不讀程傳者

同考試官教諭孫　批　終始處人多錯認本義惟此作得之

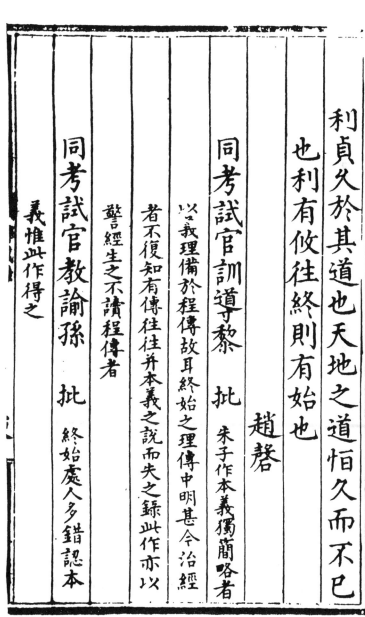

考試官侍讀翟　批　講終始二字迥異衆作

考試官左諭德董　批　盡略浮辭易義當如此

彖傳明恒之宜正而言理之所以不已者明恒之宜動而言理之所以相生者盖天地之理所以不已者正而已矣而未嘗无動靜焉然則人之所以為恒者不於是而可識哉且恒之為卦其占既亨且无咎矣而必曰利貞者何耶盖恒有可久之道也不正則非其道矣故必利於正乃為久於其道焉觀諸天地之道未有久而不

以正者是故確然在上萬物常覆焉天无私覆也隤然在下萬物常載焉地无私載也天地之道恒久而不已者如此則人之恒也其可以不正歟然恒既以正矣又曰利有攸往者何耶蓋恒非一定之謂也一定則不能恒矣故久於其道而必利有所往焉觀夫天地之理未有終而不復始者是故其靜也專其動也直天之道終則復始而所以覆物者无窮矣其靜也翕其動也闢地之道終則復始而所以載物者无窮矣

天地之理動靜相生者如此則人之恒也其可以不動歟夫恒而利正者戒人之失其常也利有所往者懼人之泥於常也然動必以靜為主則不能常者固未可以語變也繫易聖人之旨何其精哉抑嘗徵諸吾夫子矣可仕則仕可止則止可久則久可速則速而莫非中正之極致此夫子之道所以與天地同其大而萬世不可易也歟學者合天地聖人而求之則知恒之道矣

變化者進退之象也剛柔者晝夜之象也
六爻之動三極之道也
陳瑭
同考試官訓導黎　批　塲中作此辭多纏繞
意復不貫此篇獨於關鎖處提掇明白必深於易者
同考試官教諭孫　批　昭晰者無疑優游者
有餘此作近之
考試官侍讀翟　批　此可謂潔靜精微者
考試官左諭德董　批　得旨

易有至著之象有至微之理夫剛柔變化所謂
易也進退晝夜之象於是乎著而理之微者亦
不外焉易也者其三才之奧乎大傳言聖人作
易之事如此且易之卦爻剛柔相推以生變化
而變化之極復為剛柔變化者非他也是即進
退之象耳蓋柔變而趨於剛所以象夫退極而
進也剛化而趨於柔所以象夫進極而退也因
進退而變化見矣剛柔者非他也是即晝夜之
象耳蓋柔既變而為剛所以象晝而陽也剛既

化而爲柔所以象夜而陰也因晝夜而剛柔斷
矣夫在造化則晝夜進退循環而不已在卦爻
則剛柔變化亦循環而不已故曰易者象也蓋
其至著者如此然有是象必有是理剛柔變化
流行於六爻之間者非他也是即三極之道耳
蓋立天之道曰陰與陽上五之有變化也是天
之道也立地之道曰柔與剛初二之有變化也
是地之道也立人之道曰仁與義三四之有變
化也是人之道也兼三才之道而重之斯六矣

夫陽也剛也仁也皆晝之道陰也柔也義也皆夜之道故曰象也者像也蓋其至微者又如此此易之變化所以為妙也歟占者因所值以斷吉凶者固有攸在矣大抵道器不相離道亦器器亦道也理象無二致畫外無象象外無理也易書之作所以模擬乎造化而已夫子賛易言六爻剛柔之變化而終之曰三極之道也可謂盡易之體要矣程子亦曰體用一源顯微無間蓋有見於斯

書

有言逆于汝心必求諸道

張漖

同考試官訓導吳　批　此題易於成文但作者詞意頗多憤激雕刻此篇只以事相形而其理自見盖有得於伊尹之意者

同考試官教諭黃　批　吉君之語貴爾雅詳盡此篇温厚和平詞意圓足讀之令人不厭深得老臣告戒之體

考試官侍讀翟　批　文有思致

考試官左諭德董　批　婉曲可誦

於其所難受而求其所可受大臣告君聽言之道也夫言逆于心最人之所難受者也然有道存焉豈可以不求之哉伊尹畫一以告太甲而欲其矯乎情之偏者如此想其意謂夫人君不患乎治之有未成惟患乎情之有不正矧聽言之道尤王之所當留意者乎是故在廷之臣有思臣鄰之義欲納誨以成其君也而危言弗忌每中於身心有懷匡弼之忠欲進諫以贊其治也而正論不阿或及於宮府有所賞也而議其

僭有所罰也而議其濫皆汝心之所不堪而易至於扞格者矣進一人也或以為過退一人也或以為私皆汝心之所不願而易至於乖戾者矣然豈可以為逆於汝心而遂拒之哉蓋天下之事各有其道而人主之心或有所偏不求之道可乎是必平其心以觀其理之所勝不敢以喜怒蔽其公反諸身以察其義之所安不敢以好惡傷其正吾之所賞恐未當功吾之所罰恐未當罪不然何以遂致於人言吾之所進恐未

必賢吾之所退恐未必不肖不然何以不協於
輿論因其言而求其道道之所在吾不敢拒也
因其道而制其心心之難降吾不敢肆也若然
則忠言日至於耳君德日底於成天下之治無
難為矣大抵䛐受盡言在常人所難而況於人
主乎禹以丹朱戒舜而當時不聞有逆心之說
古今一人而已耳太甲自不惠阿衡以至克終
厥德甫及三年而伊尹遂語之因言以求道道
豈易求哉意其啓迪先王而薰陶變化之功

若常人積累之漸者此其天質之美周成王之所不能及也歟

我受命無疆惟休亦大惟艱

李弘

同考試官訓導吳　批　題意歸重惟艱作者多體認欠切至以后稷公劉為言失之遠矣此作歷叙受命艱難詞意懇切且渾融典雅不事彫琢高薦允宜

同考試官教諭黃　批　惟艱處重在得人作者多失之泛此篇於五臣之助挑剔明白而末語廼歸在挽留處明經之士也

考試官侍讀翟　批　說周公挽留召公之意委曲可取

考試官左諭德董　批　善發揮結更有味

大臣於前王即其膺天眷之大著其得天眷之難甚矣天命之不易也孰謂前王受命之大而可以易致之哉大臣挽留同列而欲其共保王業如此其意謂夫所貴乎大臣者固當謹進退之大節尤當懷邦國之永圖如今日者君豈可以去爲哉且以我周受命言之惟我文王撫有方夏受殷命于上帝惟我武王廸有天祿集大

命于厥躬拓小為大以三分之業則有二矣代
君為王以九年之統則既集矣藩屏侯甸入我
版圖其簡在之休何有乎疆界耶華夏蠻貊為
吾赤子其付畀之隆何有乎限量耶我周受命
無疆之休如此迹其所以致此者孰知其有大
不易者乎蓋惟我文王修和之仁培植之於前
惟我武王丕單之德承藉之於後往來奔走以
茲迪彝教者有其人也秉德明恤以迪知天威
者有其人也蓋其世德相承而積累之深君臣

同寅而締造之久夫然後升聞上帝殷命之是受也誕將天威大命之是集也而亦何其艱難之大也哉夫以我周受命之難如此況今日以新造之邦可無耈老之佐乎君之拳拳欲去者斯亦狹矣抑周公之留召公固也而公之營洛亦有去志何耶蓋大臣鑒止足之道明出處之義此其常也而託孤寄命以求無負於文武之所倚賴者此其大也卒之周公許成王以留召公亦往敬用治輔成君德身致太平而永

百年之傳則天下萬世頌二公之德業者固在
此而不在彼也歟

詩

孔惠孔時維其盡之子子孫孫勿替引之

華鑰

同考試官訓導張 批 此題傳註甚明作者以威儀物品紛紛交屬卒無定見此篇一洗腐冗宜刋示後學

同考試官教諭李 批 作此題者類多纏繞支互殊厭人觀此篇理致詳明鋪叙條理雅義中之最優

者也

同考試官學正范　批　題意明白作者多穿鑿
不一此篇詞理精粹深得詩人本旨允宜錄出

考試官侍讀瞿　批　語意根本王制非苟作者

考試官左諭德董　批　雅義詳整

詩人於公卿奉祭美其事乎神者詳蕡其傳于
後者遠夫宗廟之祭而傳於無窮人君後祿莫
大於此矣然非致力於神之詳何以得此哉
之公卿力於農事以奉宗廟之祭而與燕者之

慶詞如此其意以為國之大事以祭祀為先君之承祭以世守為重吾君宗廟之祭何如哉是故祭莫大於順也君則甚順焉但見切如存之感孝誠遠體于先公交神明而不僭不差逮子姓而有倫有序秩秩然無或悖於典矣亦莫大於時也君則甚時焉但見篤追遠之誠精禋上合乎天道雨露濡而以祀以禴霜露變而為烝為嘗洞洞然無不用其情矣既順且時則致恪致敬而禮罔或遺所嗜所樂而物無不備君之

所以致力於神者真無毫髮之不盡矣然豈但獲壽考於一身主宗廟於今日而已哉盖必馨香之德傳之永世而無窮明信之規垂之萬年而不替繼君之身子而又子有承家之責者繩繩乎其衆也孫而又孫任主鬯之重者綿綿乎其多也皆善繼善述不廢此孔惠之道而引之於靈長宗廟常血食矣以似以續常守此孔時之典而延之於悠久鬼神無乏主矣夫然則神明之錫福有常而子孫享有田祿者無終窮矣

君之後祿復何以加於此哉考之王制有云宗
廟有不順者為不孝不孝者君絀以爵此三代
聖王教天下以孝之意也楚茨公卿事神受福
至詳至備而諸父兄弟復舉此以顧之豈有見
於當世之制而云然歟於乎歡慶之余美不忘
諫三代君臣氣象可想見於千載之下
商邑翼翼四方之極赫赫厥聲濯濯厥靈
徐階
同考試官訓導張　批　高宗中興全在敬畏刑賞

處用功此作發揮明白蓋非泛然頌美之者敬羨敬羨

同考試官教諭李　批　摹寫高宗中興之盛規模氣象宛然尚可想見且詞義謹嚴筆力雅健決非他作可及

同考試官學正范　批　中興之盛類能言之但聲與靈處率為所窘求其明白妥帖無踰於此篇矣

考試官侍讀翟　批　說中興意思的當

考試官左諭德董　批　從新字生意自與人別

詩人美賢王、極言王業之新、深著中興之盛、夫都邑繫乎人心、聲威振於天下、王業之復新可知美賢王中興何以加其盛哉舊說以此為祀高宗之樂也慨自盤庚沒而殷道衰人心離而國勢削一旦高宗者出外平荊楚內服諸侯恢王業於重新復舊物而不失其中興之盛何如哉但見商邑之中敬畏以崇而先王之典刑具舉仰而瞻之翼翼然嚴正有以聳天下之觀刑賞以清而朝廷之權綱不紊企而望之巍巍乎整飭有以繫四海之望故天下之人向或弗用其命矣今也建極於此而六服仰承綏甸要荒

遵道而遵路也其與正域四方者何殊耶向嘗有越厥志矣今也作則於此而群方禀受夷狄蠻貊來享而來王也其與式于九圍者何異耶斯時也伸皇威於積衰之後合人心於久渙之餘故其發而為聲也一號令之頒普天為之鼓舞一政教之出率土為之謳歌洋溢於中夏之區施及於蠻荊之遠厥聲何赫赫耶其著而為靈也則威光徧於六合被之者咸願其照臨聰明鑒乎四方望之者莫測其變化內而多辟奪

其心外而荊楚懾其氣厥靈何濯濯耶凡此皆成湯之舊業湮沒於百年而再見於今日者也賢王之功顧不偉歟雖然高宗何以有得於此哉蓋嘗考之書矣始學于甘盤繼相乎傳說其梅蘖交修之道終始典學之功進於聖賢之域矣此其克復舊物而光有天下猶運之掌也則夫作廟以祀而百世不遷豈不宜哉

春秋

祭公來遂逆王后于紀　桓公八年　紀季姜

歸于京師桓公九年天王使毛伯來錫公命文公元年天子使召伯來賜公命成公八年

杜炳

同考試官教授范　批　題意大有關涉場中能發明者少此篇有抑揚有斷制深得屬辭比事之旨錄之不但以其文而已也

考試官侍讀瞿　批　詞義謹嚴

考試官左諭德董　批　善發傳意

春秋有殊詞以示毋天下者之義有殊詞以示
君天下者之義夫朝廷風化之原也則夫春秋
於君后而有異其稱者其義大矣且夫王后尊
與君齊隆其徽稱宜協于一也今而桓王圖婚
于紀逆則稱王后歸則稱季姜一人而終始異
稱者何蓋夫婦人倫之本所以刑寡妻順夫子
固有各盡其道者是故后者將以為天下毋也
六宮之政寔內主之九廟之祀寔共承之嬪妃
而下咸知各安其分匹適並寵何有我雖然后

亦君之婦所以輔君也展轉反側之憂琴瑟鍾
鼓之樂夫人世婦信其無嫉妬之心而關雎之
化斯行美故曰自逆而稱王后示天下之母儀
也自歸而稱季姜化天下以婦道也毋天下之
義有如此者而可不重乎若夫王者尊無二上
表其尊稱宜定于一也今而周王錫命魯公於
文則稱天王於成則稱天子一事而先後異稱
者何盖君臣天地之經所以懷諸侯子庶民固
有各適其用者是故王者出以為天下君也天

叙天秩維我所出天命天討非我所私公侯而下罔不恪守其度踰制犯分何有哉雖然君亦天之子所以子民也為之養以遂其生為之教以復其性群黎百姓有望於咸和之治而好生之德斯洽矣故曰臨諸侯曰天王治天下主乎法也君天下曰天子養天下主乎恩也君天下之義有如此者而可不慎乎噫后正位乎內家之政定于一也君正位乎外天下之政出于一也推而道無二教政無二門大道之行大同之

治尚有不逮之哉易曰有夫婦然後有父子有父子然後有君臣乾坤之分咸恒之序善學者析之以盡其精合之而成其大春秋之義其庶矣

晉陽處父帥師伐楚以救江文公三年吳伐我哀公八年

許百朋

同考試官教授范　批　晉救江之謬魯城下之恥斷案具在而作者不足以發之筆力森嚴如此篇者固宜高薦

考試官侍讀翟　批　明白正大深合兩傳之意

考試官左諭德董　批　得聖人書法

伯國恤患春秋罪之以示用兵之法望國被患春秋諱之以示謀國之戒此晉之救江特書以曾之辱於吳不書盟也歟且救災恤患君子所予晉命處父伐楚以救江也而春秋罪之何耶誠以夷狄憑陵用兵者以萬全制勝可也故齊桓以鄭之伐晉文釋宋之圍亦其犄角成勢厚陣震威始足以當方張不制之敵也今楚圍江

江也本蕞爾之國勢難久待楚也負滔天之罪
釁斯可乘晉果輯諸侯以振旅仗大義以徵詞
楚懷震恐而江圍解有必然者令而處父以偏
將而遠攻懸孤軍以深入楚也竟無所憚而勢
益急江也卒失所恃而底於亡以是云救猶不
救也知用兵之法如桓文者固如是乎春秋書
救江而曰以傳曰以者不以者也至若講信修
睦君子不廢晉爲邾故伐魯遂以結盟也而春
秋諱之何耶誠以門庭有寇謀國者以禮義自

強可也華元伸甆國不從之請國佐抗背城亦
從之對是以楚情立見晉氣亦沮廼能守國于
危急存亡之秋也今吳伐我東陽雖克猶爾累
次徼虎欲攻竟至三遷吳師輕遠未及四境之
虧魯故輔車矧有四鄰之懼使城守不下而吳
引去有必然者柰何景伯遂負載于萊門而要
盟于城下是謂臣焉偷生而苟免國焉侵削以
陵遲以是救國誠棄國也有謀國之士如齊宋
者尚至是乎春秋書伐我而不書盟傳曰諱之

内以諱為貶也吁急人之難而不能保其存受
人之侮而不能振其耻晉魯君臣罪莫掩矣嗟
夫兵者聖人之所甚重而書救未有不善之者
也救江之不足善以救之者非其道也況處父
又專兵之始乎盟非春秋所貴而城下之盟辱
則甚矣況魯之時猶多盡忠之士乎春秋特筆
于此其旨嚴矣

禮記

以陰陽為端故情可睹也

顧承芳

同考試官教諭王　批　題似容易實難摹寫此作明白坦夷而詞氣簡重一結尤見用意忠厚是亦情之善者

考試官侍讀翟　批　說出聖人爲治則象天地之意

考試官左諭德董　批　似於陰陽之理有見者

惟有徵乎在天之道故有得乎在人之情夫善觀人者必有徵於天也聖人求陰陽以察乎人情寧不得其善惡之實哉記禮運者若曰氣運

於天一定而易知情蘊於人多變而難測是故
寒往暑來舒慘異矣聖人所以別人之情以是
爲之本不任以智也春生秋殺吉凶殊矣聖人
所以治人之情以是爲之則不鑿以私也孰爲
善耶必其與陽道舒暢而温厚者相若然後慶
賞施焉孰爲惡耶必其與陰道幽暗而猛厲者
相若然後刑罰加焉夫如是則或善或惡各歸
其分以觀物則察矣一正一邪各從其黨以察
物則得矣正大光明陽道之舒暢也寛裕慈良

陽道之温厚也因此識彼情之善者豈容掩乎
消沮閉藏一陰之幽暗也凶暴殘雪一陰之猛
厲也比物醜類情之惡者豈容僞耶吁因其在
天者而驗其在人者其理同也因其一定者而
推其多變者其機易也聖人作則之善有如是
哉雖然天以陽生萬物而陰積於無用之處聖
人以德勸萬民而刑措於無為之時故其善善
也長而其惡惡也短賞疑從重以廣恩罰疑從
輕以慎刑董子曰王者求端於天天道任德不

任刑此又聖人法天之深意也
和故百物不失節故祀天祭地

楊世賢

同考試官教諭王　批　治禮須兼註疏此題鄭氏具有成說而陳氏略之致士子別生意見而理卒未通此作知所考據故錄之

考試官侍讀翟　批　必如此作上下語脉方貫

考試官左諭德董　批　本註疏説良是

論禮樂之功用有生物而贊化者有成物而報

功者蓋禮樂與天地相為流通也則其功用之盛有由然哉記禮者其意謂夫天地有自然之和此物之所以生也而聖人之大樂與之同和焉惟其和也故有以順其氣而敦天地之和將見上躋下降一至和之充周相摩相蕩一至和之磅礴物之不齊者莫不遂其生而天地之化不過矣是故胎生不殰卵生不殈凡物之本乎天者以之咸若也勾者畢出萌者盡達凡物之本乎地者以之咸亨也樂之功用生物而贊化

者有如此天地有自然之節此物之所以成也而聖人之大禮與之同節焉惟其節也故有以順其數而别天地之宜將見或高或下各得其序而不相妨害或大或小各正其性而不相假借物之有生者莫不成其質而天地之功以畢矣是故因天事天而冬至有事於圜丘所以報乎天也因地事地而夏至有事於方澤所以報乎地也禮之功用成物而報功者有如此夫禮樂制作於聖人而感通乎天地此聖人之所以

與天地參者歟大抵天地之陰陽聖人之禮樂
非有二也故其始也法天地以為禮樂終也以
禮樂而賛天地要之聖人與道為一而形之制
作者自無往而不合故曰不聞性與天道而能
制禮作樂者末矣

第貳塲

論

人主之學以明理為先

陳瑭

同考試官訓導黎　批　士子作論但涉學處率意敷演甚至取舊刻文字而全用之出自其衷者蓋少此作命意切實而詞氣圓轉粹然一出于正故錄之

同考試官教諭孫　批　溫厚典雅不事奇險而於君心正學瞭然明白讀其文亦可知其人矣

考試官侍讀翟　批　場中作此題者泛而不切與經生之學何異是篇切於君心關於世教不作一長語而議論疊出意味無窮讀之惟恐其盡南畿之士未能或先於子矣

考試官左諭德董　批　就本題立論亹亹千餘言讀之不覺其長且有醞藉風諭場屋中乃有此作哉

人主之學無他焉惟求諸其心而已矣蓋心之體雖微而足以管乎天下之理理雖散在萬事而實不外乎吾之一心惟弗知學以明之則無以擴此心之量而揆事宰物之際始懵然昧於所從其所為者或非其所當為其所不為者或非其所當止而何以成天下之治乎故人主不可以不學而其學也不可以不求此理於心吾心之理明而天下之能事畢矣奚以他求為哉宋儒朱子之言曰人主之學當以明理為先所

以為萬世君天下者告也且學亦多術矣而何
以必先於明理也蓋嘗思其故矣古今天下有
弗明其理而可以善其事者乎曰未之前聞也
弗善其事而能有所成者乎曰亦未之前聞也
況人主者以一身而臨乎億兆之上一日二日
有萬幾焉言之從違人之用舍政之可否皆致
決於此使剸裁之弗當主斷之弗審其為害有
不可勝言者而可不求之於理乎且人之一心
衆欲攻之而人主可欲之在前者又不勝其

為可法何者為可戒驗之于古今得失之變而求其何者為必治何者為必亂義利之輕重必求其辨德刑之先後必求其衷王霸之純駁必求其是異端他技必審其偏曲君子小人必極其情狀以至生靈之向背田里之休戚必詢其所以致之者而無一事之或遺焉廣厦細旃之上日進儒碩相與講明相與劘切使吾之此心洞然光明凡事物之過乎前者其義理所存纖微畢照不容毫髮之隱則所以應天下之務者

若數一二若辨黑白何所處而不當哉是故逸
遊吾知其敗度也靡麗吾知其喪德也聲色吾
知其伐性也邪誕之說吾知其惑志也先意逆
志以伺吾之便者吾知將以濟其私也凡向之
為吾心術之害者一皆無所售焉何也理明故
也於是天下之事凡所當為者必為而不可沮
也所不當為者必止而不可撼也直者必受佞
者必斥而聽言當矣賢者必進不肖者必退而
用人當矣有功者必賞有罪者必罰而政不謬

學之全功也歟

表

擬

賀

躬耕耤田表

華鑰

同考試官訓導張　批　得駢麗體

同考試官教諭李　批　莊重典則佳作也

同考試官學正范　批　表寓敬天勤民之意此

作鋪揚殆盡且渾成含畜蓋不專於四六者

考試官侍讀翟　批　表有忠愛意可取

考試官左諭德董　批　表佳

嘉靖元年　月　日恭遇

皇上親耕耤田者伏以

勳華繼體玄功允協於思文

耕助勤民盛典聿追乎無逸蓋惟

上悊之主能知小人之依

慶洽普天

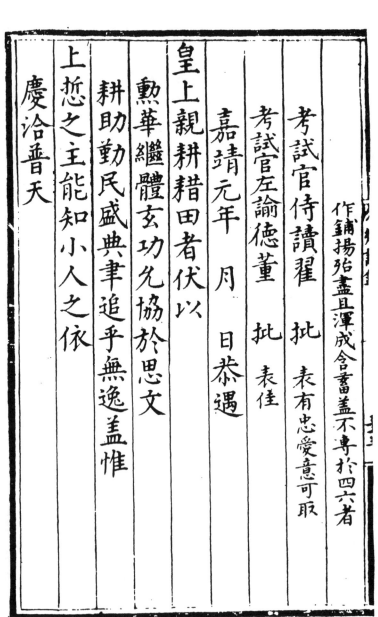

光昭百聖臣等誠懽誠忭稽首頓首竊謂人
君以民為天王政所重在食縶粢盛以饗
上帝陳簠簋而奉
宗祧民力普存明信實昭於祝史帝命率育憂
勤宜即乎田功本業用存仁孝斯在故禮
謹三推之節惟傳垂千畝之文慨弛墜於
衰周空勞納諫念纘承於炎漢遂羨傳心
繼此或廢或興類皆有文有實晉崇泰始
焉用詞章唐罷元和奚關物力徒尋故事

用侈彌觀試歷考於前聞豈有盛於
今日茲蓋伏遇
皇帝陛下
堯仁成性
禹儉得師
嗣丕構之豐亨
謀貽八葉
軫萬民之樂利慶賴
一人惟防匱以圖豐在貴本而賤末是用

升潛之祀屬茲獻歲之辰旣吿類於
上玄廼
躬耕於方澤
齊心便殿諏日以
饗先農比耦靈壇
負耒而率群后啓土膏於震位播種稑於青
箱貴賤以班小大從邁
聖能饗帝諒黍稷之非馨
說以使民識艱難之乃逸臣等叨從

法駕獲覩
曠儀材謝安仁何敢鋪張於賦詠忠輸姬旦
尚期
顧諟於盤遊伏望
克儉克勤終始不輕乎民事
多富多壽靈長自衍於歷年臣等無任瞻
天仰
聖激切屛營之至謹奉
表稱

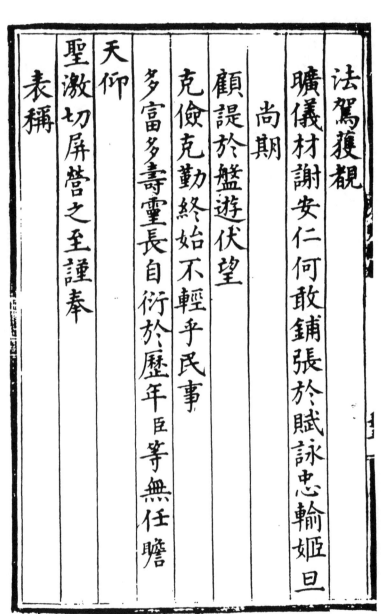

賀以

聞

第叁場

策五道

第一問

陳瑭

同考試官訓導黎　批　此策正欲觀士子知今之學他卷直數問目了無發明獨此篇敷答有叙且筆勢如風檣陣馬殆不可禦必奇士也

同考試官教諭孫　批　五策皆氣昌詞偉而

聖製一策尤有高識故錄之

考試官侍讀翟　批　我

聖祖貽謀燕翼訓誥無窮而通訓一書所載心法明白簡易真萬世

聖子神孫君天下之典則也子既能思而得之而又鋪叙發揚殆無餘蘊宜沾被

聖化之深者耶主司得此良可以自慶矣

考試官左諭德董　批

通訓言君道節目頗繁難於鋪叙此策獨能隱括不覺其繁且惟出

皇祖垂訓之深意而忠愛自溢於言外參以前場文字俱優宜冠本房

道行于上者有以開一代之治訓垂于後
者有以保萬世之治因其訓而得于
身教之餘則道常行因其道而慎于法守之
際則治常保於乎此我
聖祖垂訓之深意所望于
聖子神孫者歟自古開創之君其得天下也甚
難其慮天下也甚遠故必有垂訓之書俾
世世守之以衍無疆之休者若禹有典則
以貽子孫湯有風愆以儆後嗣文武有謨

烈以啓佑後人降及後世寖以踈闊矣洪
惟我
太祖高皇帝膺
天眷命再造華夏建極垂統旣巳定萬世之大
業矣至其發諸
訓誥形諸
著述昭若日星者不可殫述也若
資世通訓一書皆總聖經賢傳之意而斷以
獨見自百官庶民莫不有訓而其言君道也

尤詳蓋勤不忘事敬不遑食所以檢身也儉不過用乎物素不華其所居所以窒欲也善良不罪曰仁無道必誅曰智所以御下也始終不變曰信當為必為曰勇所以臨政也內之分不紊外之政不干所以防微也以至孝慈者所以教家也親者所以睦族也嚴以正百官愛以子庶民而使民以時者又特言之重民力也舉祀與戎者皆國之大事也蓋我

聖祖所以削平僭亂阜安民物宰制群動舉一
世而甄陶之者其道皆不外乎此豈非
聖子神孫萬世之所當法者乎執事於此以
聖心有弗敢自寧者見於
御製之序而以
垂訓之深意下詢承學惟我
聖祖之為書也微辭奧義得之天縱固未嘗假
手于臣下蹈迹于古人而豈末學淺近之
所能知哉蓋嘗伏讀而深思之至于

序之終篇有所謂以利後人者而有以竊窺
其萬一矣盖其言有曰尋儒問道徹知其
理若不自足于學者又託謁者為評有曰
此十八事者雖欲傚之而私欲相搏苦其
志以戰之猶未得退於乎以我
聖祖生知之聖而猶有待于學哉以我
聖祖之德之純而豈有所謂欲哉此盖堯舜兢
兢業業之心惟危惟微之旨而其
深意之所在固將以身為教使萬世之下因

其遺訓而啓其思必將曰
聖祖猶以不學為憂則其於學也弗能已矣必
將曰
聖祖猶以欲為戒則其於欲也弗敢肆矣蓋為
君之道非學以充其類志以勝其欲則於
所謂十有八事者誠欲倣之而不可得矣
此其所謂以利後人者歟觀其嘗
命工繪起家戰伐艱難之事為圖以示後且
曰富貴易驕艱難易忽久遠易忘後世子

孫生長深宮不知積累之難示之以此庶
有所警大哉
皇言其與此書之序之意夫豈有二致哉愚也
敢以是為
明天子聖學緝熙之一助
第二問
夏允中
同考試官訓導吳　批　有鋪叙委曲之雅辭有
含蓄不盡之遺意真案手也

同考試官教諭黃　批　此策備述前代興衰之故以見
朝所以獨盛者頌美中寓警戒意豈亦以司馬自待者乎
考試官侍讀翟　批　探本窮源深憂過計經世之
學脫穎而出矣敬羡敬羡
考試官左諭德董　批　我
朝百五十餘年治平之盛未易形容此策能以雄詞健筆鋪張無遺末引
仲素之言尤有識見得士如此不為科目重耶
為治有二國勢也人心也維持乎國勢者
法度也固結乎人心者德澤也勢不搖則

姦宄不敢作心弗離則變故無自興自古
享國久長之道不外乎此二者而其間事
變之不一或多難而復興或遂陵夷而不
振亦惟視其德澤之淺深法度之修廢而
已矣執事以我
朝百五十餘年治平無事者為問愚也何足
以知之昔者司馬光以宋自平河東八十
餘年中外無事而陳保業之跡執事之心
其在斯乎敢不思所以對嗟夫天下治常

少而亂常多其割裂分擾戰爭之世無足論矣至合天下于一若漢唐宋者其間禍變不可勝道也漢至文景未久也而諸呂七國相尋以起唐至玄宗未久也而女禍世出安史之後藩鎮遂以不制宋至真宗未久也澶淵之役宋事幾去仁宗之世可謂治矣元昊拒命契丹尋盟殆無寧歲延及靖康其禍憯矣而夷狄之禍遂與宋終始然豈獨漢唐宋然哉禹之績大矣垂傳

而有距河之釁湯之烈盛矣一傳而有桐宮之憂文武至于成康治之極矣不數傳而有楚澤之難然則三代以來治平之久未有如
今日之盛者也愚嘗求其故矣蓋自胡元入主中國此自古所無之大變
聖祖奮起淮甸慨然以攘夷狄安生民為已任入金陵也諭吏民以毋畏而市不易肆取浙東也戒諸將以勿殺而兵不血刃雖當

草昧之初而仁心仁聞已聳動于天下矣
及中原既定一意息民四方水旱而優恤
之詔必下四夷僻遠而征討之兵不加閱
民事則風雨以時之禱若痌在躬重民命
則黥刺剕劓之刑不得復用
聖聖相承克紹克類漸摩涵煦培植彌固其德
澤之深厚固有前代所弗及者至其創制
立法至詳至密觀諸
祖訓所載者自持守以至供用事為之制曲為

之防内則六卿分職外則三司並建府衛
以統兵去其專制之權郡縣以治民勵以
考核之典律詳五刑而輕重適中令舉六
綱而大小有序嚴
宮闈之禁而朝政不干隆
宗藩之封而民事不與上下相維内外相制
其處置之善防範之周又前代所未有也
夫以德澤之涵濡者如此其深法度之維
持者如此其備雖使吳楚之强安史之悖

元昊之黠在今日亦且効忠奔命之不暇
而不敢有他志況干紀于疆場弄兵于潢
池窺伺于藩屏此瑣瑣者又何能為哉宜
其不旋踵而底定也雖然先儒有言祖宗
德澤不可恃法度不可廢恃德澤則驕佚
之心生廢法度則變亂之事起斯言也豈
非
今日之所當深念者乎且三代德澤之深厚
者莫過於周使其子孫可恃則不至數傳

而有陵夷之漸矣法度之明備者亦莫過於周使其子孫世守則至今存可也故漢之所以衰者以不能守高祖之法也唐之所以亂者以壞太宗之法也宋之所以多事以變藝祖之法也然則祖宗之法度其可廢乎高祖與民休息加以文景之恭儉漢之德澤亦厚矣光武中興雖賴民心之思而東漢之末卒不能振太宗除隋之亂施以仁義唐之德澤亦厚矣而河北之民

至不復知有順逆宋以忠厚立國而仁宗
四十二年之澤尤深于民熈寧以後民心
遂乖矣然則祖宗之德澤其可恃乎惟知
其不可恃則所以培其德澤者益深惟知
其不可廢則所以守其法度者益謹執事
所謂遠慮而預防之者其亦在此而已矣
方今
聖天子在上賢公卿在下修明舊章賑恤民隱
詔令初布雖深山窮谷之間莫不翕然想見

太平之盛固有扶杖思德一見決聖者

國家億萬年永命之休端有賴於此矣區區

狂瞽之言固杞人之類也

第三問　華鑰

同考試官訓導張　批　經學一策正欲觀士子所蘊場中掇拾問目成文殊爲可厭此篇以實學虛名立說深切後世之弊且考據精詳議論平正足以占子之用世矣高薦允宜

同考試官教諭李　批　後世類以訓詁穿鑿視漢儒

而不知其經學最有實用子能歷歷道之不為勦說豈亦通

經學古者耶

同考試官學正范　批

漢儒為學不苟每窮一經必

終身守之政事文章皆不出此是作以實學斷之信矣且

論道之嚴取公之恕品評極當得士如此可以自慶矣

考試官侍讀翟　批

問學根據識見高古能不雷同是

非者吾於此可以占子之不凡矣

考試官左諭德董　批

援引浩博成一家議論可取

有窮經之實學有明經之虛名蓋實學以

致用為功虛名以謀利為事致用則有合
一之妙而造次被服皆相安也謀利則以
僥倖為圖而用舍得失皆背馳也此漢儒
之經術猶知修行先王之道所以推之政
理文章有非後世之所能及歟竊觀古之
儒者博學乎六藝之文以明天道以正人
倫以致至治卓乎不可尚已自周道既衰
孔子刪述六經布之方冊文王已沒斯文
在茲遭秦坑焚之後而六學始缺至漢武

帝勸學興禮卓然能黜百家表章六經而
學士彬彬然迺嚮風矣至宣帝講論同異
招選茂材立五經博士官而諸儒益以經
術進矣當是時也上有崇化厲賢之實士
有下帷發憤之精上有綜核厲精之誠士
有朝聞夕死之願學有師承人有專門不
畏不遷守以自重故推之於政事也董仲
舒以春秋舉三策賢良而天人之道明兩
相驕主而格心之道得匡衡以明詩薦傅

元成而屢上便宜多法義之言論甘陳而斷其功罪得大臣之義夏侯勝精於洪範始諫昌邑之出游繼議武帝之廟樂直言正論雖死而不悔京房長於易學至論帝王舉賢之法嫉石顯巔權之罪危言刺譏搆怨於強臣之數子者皆以師友淵源之漸擴為輔理承化之功雖漢史謂仲舒之縱陰閉陽而溺於災異衡之持祿保位而陷於阿附勝之經術苟明取青紫如拾芥

之言房之不量淺深不容以失身之過皆
其純駁得失之間無害乎俊偉光明之實
矣其發之為文章也如司馬相如之詞賦
綺麗侈靡要其歸引之於節儉論者謂其
得風諫之體司馬子長之史記貫穿馳騁
勒成一家之言論者稱其有良史之材劉
更生著洪範五行傳指陳法戒以補助遺
闕忠何如也揚子雲清淨寂寞而着太玄
言務求成名於後世節何如也之數子者

皆以博物洽聞之學著為扶世立教之言雖楊雄譏相如之賦曲終奏雅勸一而風百班固譏馬遷論大道及貨殖諸傳是非謬於聖人楊龜山借更生自為不信不知義命之歸漢儒論楊雄非聖人作經蓋有誅絕之罪是皆尚論責備之嚴無虧於命世多聞之益矣所謂有窮經之實學者如此自漢以下經學不傳士皆浮靡唐雖以明經取士但誦當代之文記帖括之語故

當時為進士者以聲韻為學術以經義為
筌蹄得之則喜失之則悲蓋不知先王之
道為何物矣宋亦以經術用人中更安石
偏見曲學穿鑿附會故在當時立三經之
義倡三不足之說凡書之畏天詩之念祖
皆不知為何物矣故在當時明君賢相創
制立法非無政事之可觀然皆隨世以就
功名求其依經托類仁義公恕而有合乎
古者鮮矣矧夷狄藩鎮之禍如陸贄之所

謂措置乖方處置乖當呂氏所謂始於朋
黨終於調停之甚者乎文人學士操觚染
翰非無文章之可取然皆隨資力之近似
求其博洽通達温厚爾雅以不悖於道者
鮮矣矧其絺章繪句抽黃押白如韓愈氏
之所謂大好則大慙小好則小慙蘇洵所
謂以一日之長易終身之富貴之甚者乎
所謂有明經之虛名者如此反覆漢唐宋經
學之士槩之先王之道皆未也漢儒傳經

之實固有可取然張禹谷永之徒假經術
以媚王氏漢祚之移正坐是耳唐宋俗學
之陋固有可惡然濂洛諸儒上接孔孟之
傳特以謹於進退之義故不多見耳槩而
論之可乎洪惟我
太祖高皇帝光宅天下之初深厭浮華之習故
建首善於京師立學校於天下其教養之
法一以六經而不雜以他術其取士之法
一以經義而不尚乎詞章故百余年來見

於政理者光明正大形於文章者渾厚和平道德齊同風俗淳美以綿億萬載無疆之業者端在此矣愚也涵泳

聖化方探其津涯而莫知其畔岸者也敢粗述以為明問復惟執事進而教之

第四問

華鑰

同考試官訓導張　批　此問通場鮮知之者獨此有考據有折衷宜表而出之

同考試官教諭李　批　於似是而非處可謂折之精而不亂矣

同考試官學正范　批　雖據古人成說要亦自有所見者

考試官侍讀翟　批　朱子之辨甚有功於吾道是作考訂精詳敎析明白豈亦有功於朱子耶

考試官左諭德董　批　雜學之辨奚啻數千言槩以此數節盡之可謂知要者即此亦先於人矣宜寘首選

春秋之疾戎狄非純為戎狄者也以中國而流於戎狄者也君子之闢異端非名為異端者也以吾儒而雜於異端者也名為

異端者人皆知非之吾儒而為異端之說
豈惟人莫之非也且將信而從之矣則其
為人心學術之害可勝言哉孟子曰予豈
好辯不得已也然則朱子雜學之辯其亦
有不得已者乎且所謂異端者楊墨也老
莊也佛也楊墨者楊墨其言老莊者老莊
其言佛者佛其言無足怪也為儒而楊墨
而老莊而佛以其似而亂真可乎楊墨之
害息于孟子然當其時所謂楊墨者楊墨

而巳耳使有儒其名而楊墨其言者不知
孟子又何以闢之二蘇張呂皆為吾儒之
學者而其學乃不知道德性命之根原反
引老莊浮屠不經之說而紊亂先王之典
著為成書以行於世世之學者既未有所
聞必以其人而尊信之漸染既深將如錮
疾而不可去此雜學辨之所為作也盖蘇
氏之觧易也世多惑之如乾之彖辭發明
性命之理與詩書中庸孟子相表裏而大

傳之言亦若符契蘇氏不知其說而欲以其所臆度者言之且雜以釋氏之說又畏人之指其失也故每為不可言不可見之說以先後之殊不知性命之理甚明而其為說至簡今將言之而先曰不可言既指之而又曰不可見豈非適所以為未嘗見未嘗知之驗哉夫以其言性命者如此其他言鬼神死生之不合者又不足論矣若夫黃門之解老子也合吾儒於老子以為

未足又并釋氏而彌縫之其弊益甚然且
自許甚高至謂當世無一人可與語此者
而其兄亦以為不意晚年見此奇特則幾
於無忌憚矣即其說而為之辨誠懼其亂
吾學之傳耳至其溺於文義併老佛之說
而失之者又何暇知焉呂氏之家學最為
近正然未能不惑於佛老之說其釋大學
知所先後之語曰異端之學皆不知所先
後似為釋氏發也然呂氏終身學焉不知

以誰爲異端而爲是説以詆之耶盖其心
未必不以爲有先後者世間之粗學而無
先後者出世間之妙道方其言此故不得
不是此而非彼及其爲彼則又安知其不
是彼而非此乎雖其陽離陰合自以爲集
儒佛之大成曾不悟夫言行不類出入支
離之爲心害也盖其説之誤後學者如此
而其他書之近正者固猶有取焉若張子
韶始學於龜山之門而逃儒以歸於釋其

跡尤著凡其為書也皆以佛語釋儒書離合出入務在愚一世之耳目而使之恬不覺悟以入乎釋氏之門其二本殊歸蓋不特莊周出於子夏李斯原於荀卿而已也故掇其尤甚如中庸解者為之辨且以無垢正其名所以曉當世之惑耳至其論語孝經大學孟子之說又何暇悉為之辨邪夫四公者皆一世之聞人而不免於朱子之議至以雜學目之則儒者之談經可不

慎哉今當道學大明之後濂洛關閩之說
盛行於世所謂異端者固士所恥言也又
焉有以儒而為異端之說者乎執事無以
為慮

第五問

顧承芳

同考試官教諭王　批　策揭正欲觀士子學識此
作考古論今灼有定見深得先王崇愛明威之意而敘事且明
暢詳整必體用兼備之士允宜高薦

考試官侍讀翟　批　古人於刑有不可不用處然亦終非得已者塲中荅此多用陳言不快人意此作斟酌輕重調停緩急通融流轉不主故常可與言治矣

考試官左諭德董　批　五策具見才識錄此亦以例其餘耳

論治者有一定之體善治者貴適時之用蓋治有定體則君子立論以持法不得不調其輕重而為萬世之守時有適然則君子更化以善治不得不酌其緩急以通一

時之變此刑法之用雖詘於德教而左右
挾持之功非人之所能遺也顧在人有神
明之方通不倦之意則德威並立寬猛適
宜而王道終矣請以此而復明問於萬一
竊聞天之生物也陽以舒之陰以慘之是
以聖人之治世也奉順乎天地而法象乎
陰陽養之以溫慈惠和遂其休養生息之
願弼之以刑罰威獄防其靡逸慆淫之失
故雖以虞舜之聖不能無四凶之誅以皐

陶之明不能無五刑之用但有本末之序有先後之倫有逆順之施有經權之變自周室之衰侯國無統嚴刑峻法以戕生民故孔子曰道之以政齊之以刑民免而無恥盖傷之也由是觀之則帝王之任德而不任刑豈非為治者一定之體乎然時有升降道因之而隆汙治有盛衰俗因之有美惡後之君子不幸起而承其敝令必欲行禁必欲止滯者通之敝者起之柔弱者

扶植之強梗者誅鋤之然非怵之以罰威之以刑是以結繩而治亡秦之緒不可理也以粱肉而治膏肓之疾不可愈也故達於為國者莫若鄭子產以區區之國而鑄刑書然考其時國小而偪族大多寵如子皙子南之奸國之紀亂心無厭其將何以為政是以雖有叔向之言而不為止明於政體者莫若漢崔寔當東京之末而著政論然考其時數世以來政多恩貸權倖不

坐豪猾不誅其將何以爲國故仲長統見
之而興嘆之二子者雖非勝殘去殺之化
然亦知達權通變之妙矣後之人君昡於
聰明安於故習苦不知變宣帝中興之主
也承武帝之餘烈致用德教可也而帝專
尚刑名委任法吏趙蓋韓楊之死不厭衆
心由是文景養民之意盡矣先儒謂西京
之亡自帝始豈不信哉漢元帝恭儉之君
也承先世之苛切委任儒臣似也而帝優

游不斷百度廢弛雖以蕭望之之賢死而
不悟由是宣帝勵精之業微矣史臣謂漢
業之衰亦本於帝豈不然歟蓋德教本也
刑罰末也君子立本以治世而時用刑罰
以起其偏猶天以陽生物而時出陰以佐
其化如孔子所謂寬以濟猛猛以濟寬寬
猛相濟政是以和斯善矣宋儒胡致堂乃
疑寬猛之論非孔子之言以為焉有仁人
為政先致猛殘之弊而後從而濟之乎愚

則以為世有相繼代有相因胡氏之言一時之相濟也孔子之論繼世而可行也如宣之於武苛刻相承桓之紹質姑息相繼然在當時因革之無方損益之無術此日所以趨於弊也善治者可不貴適時之用乎洪惟我

朝

列聖相承深仁厚澤丕冒羣生明刑大法鼓動

天下故百余年来愛有恃而不滛惠有依

而不褻而方今
皇上踐阼之始誅鋤強惡裁抑僥倖天下凜然
望其風采區區前代烏足與之比擬者矣
而執事求折衷之論以裨
國家弼教之意愚愚藿食者何足與議於斯然
愚生誦習孔子如不得已寬猛之說是也
虞舜之象刑皐陶之作士雖以聖賢而猶
有不廢但後世竊刑法之近似文申韓之
慘刻始足以禍天下伏惟

聖天子主吾道之盟斥異端之非則天下幸甚

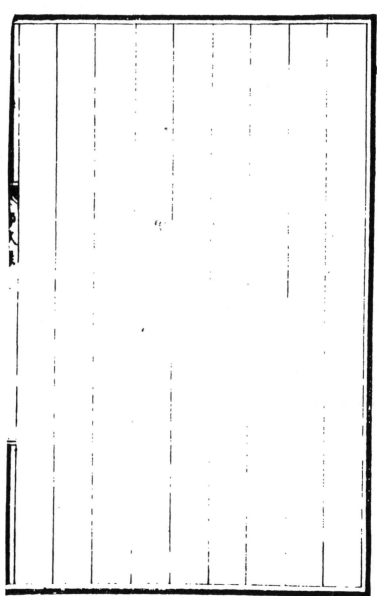

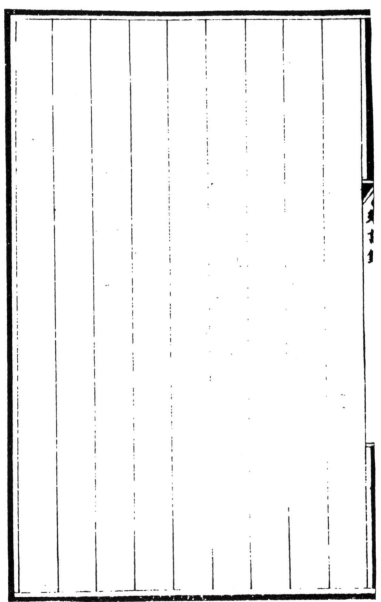

者乎臣嘗竊觀我
太祖高皇帝養士之法江南甫定
干戈靡寧即
諭中書省臣建學立師明經講
授崇植廉節褒進英賢士有
以布衣入言事者輙
霽威假色采錄不厭丕承

嘉休道脉日固人紀定矣及臣
之受
命而南也歷淮泗窺長江望鍾阜
及其至也則見黌校之振作
宅里之表樹賔興之敦勸維
地與化並昌于時故百五十
年于玆士習刻厲爭自奮効

昌言遠猷夾輔于理雖中經
震逿然困而不躓欝而不衰
容容如也侃侃如也臣有以
仰窺
化本之弘美恭惟我
皇上聖德享天纂圖正位闡弃化
猷增飭儀矩宣其湮欝導之

懇欵故天下士負材抱器雲
蒸虎變抃嚮稽首引領而言
曰一哉
皇心庶幾復我
祖宗之舊乎故臣之往校其藝也
則見其困者以舒欝者以達
群然和鳴鏗鏘光耀發舒造

化屈伸古今平準政法洋洋
如也汩汩如也臣有以仰窺
化機之在美或者謂文章不足
以取士科目不可以得人臣
謂天下之事有文有實
國朝以經術養士端本正習斥
罷浮華儒生學士業守先王

不遷異物靡堙蹈實動有成
事拔十得五此其大較也矧
涵濡於
祖宗之德澤變化於
皇上之休美詩曰思皇多士生此
王國又曰豈弟君子遐不作
人令何讓焉若泛駕以騁自

負明哲之則斯其人之責也已

翰林院侍讀承直郎翟鑾謹序